신부님의 속풀이 처방전 3

# 챔기고 사세요

신부님의 속풀이 처방전 3

챙기고 사세요

홍성남 신부 지음

## 추천사

'공황장애'를 앓는 환자가 최근 5년 사이에 두 배로 증가했다는 뉴스를 들었습니다. 공황장애는 극심한 스트레스가 주원인이라고 하지요? 그만큼 현대인들이 살아가기 더 힘든 세상이 되었다는 얘기 같습니다. 이번 홍성남 마태오 신부님의 신간《챙기고 사세요》에 '스트레스 없애기'라는 장이 끝을 장식하고 있는데요. 저에게는 책의 결론처럼 느껴집니다. 일터에서나 가정에서나 이런저런 스트레스에 짓눌려 나 자신은 물론이고, 가장 가까이서 함께 사는 가족들과도 제대로 소통하지 못하는 일이 흔한 것 같습니다. 소통이 제대로 안 될 때, 스트레스가 쌓이는 것은 물론이겠지요. 책《챙기고 사세요》로 모든 분이 스트레스를 시원하게 날려버릴 수 있었으면 좋겠습니다.

저는 신학생 시절, 늘 밤늦게까지 책 속에 파묻혀 지내다시피 하시는 홍성남 신부님과 3년을 한 반에서 공부했습니다. 일반 대학을 졸업하시고 신학교에 편입하여 오셨기 때문에 이미 '늙어버린' 홍 신부님과 같은 학년이 되었던 것입니다. 그때의 신부님은 신학이나 철학만이 아니라 사회 경제 역사 등 다양한 인문사회과

학 분야의 서적들을 두루 탐독하셨습니다. 그때의 기억이 지금도 아주 인상적으로 남아 있습니다. 그러던 신부님을 저의 본당 보좌신부님으로 다시 만났습니다. 학부를 졸업하고 제가 군대에 간 동안, 신부님은 계속 진급하시어 사제품을 받으셨고, 저의 본당 보좌신부님으로 발령을 받아 오셨던 것입니다. 제가 제대하여 복학할 때까지 사제관에서 신부님을 자주 뵐 수 있었습니다. 그런데 그때도 홍 신부님은 역시 신학생 때 보았던 모습 그대로 방안 여기저기에 온통 책을 쌓아두고 밤늦게까지 독서에 열중하셨습니다.

  지금 '가톨릭영성상담소' 소장으로서 왕성하게 일하시는 신부님을 뵈면서, 신부님께서 학생 시절부터 폭넓은 독서를 통해 공부한 것들이 지금 신부님 활동의 기초가 되어 주고 있지 않을까 싶습니다. 다른 사람의 이야기를 들어주는 일이 쉽지는 않습니다. 하지만 답답한 사람들의 사정을 경청하고 문제 해결을 위해 함께 기도해주는 일이야말로 사목자의 소중한 역할이라고 믿습니다. 신부님의 활동과 가톨릭영성상담소에 주님의 강복을 빕니다.

서울대교구 보좌주교<br>
유경촌

머리말
## 나부터 행복하십시오

사제생활을 하면서 힘들어하는 교우들을 대하면 무력감을 느끼곤 하였습니다. 뭐라도 도움이 되어 드릴까 싶어 "요즈음 뭐가 제일 힘드세요?"라고 하면 대부분 사람은 '돈이 없어 힘들다'고 합니다. 돈이 좀 있는 사람은 '몸이 아파 힘들다'고 합니다. 돈도 있고 몸도 건강한 사람들은 '가족이 힘들게 한다'고 합니다. 사제인 제가 딱히 도와드릴 수 없는 문제들이라 "기도해드릴게요"라는 답을 드릴 수밖에 없었습니다.

 그러나 상담심리를 접하고는 돈, 건강, 가족의 문제가 교우 분들을 힘들게 하는 이유이긴 해도 원인은 아니라는 것을 알게 되었습니다. 가톨릭영성심리상담소 소장으로 재직하면서 만난 많은 분 중 몇몇 분들은 돈이 좀 없어도, 건강이 안 좋아 누워 있어도, 가족 중 분란을 일으키는 이가 있어도 크게 동요하지 않고 마음의 평화를 지키는 분들을 보았습니다.

그렇습니다. 자신을 힘들게 하는 것은 '자신의 마음'이지 다른 어떤 것도 아닙니다. 우리는 우리의 마음을 잘 모르는 경우가 대부분입니다. 부모, 학교, 사회로부터 잘못 교육받아 잘못 형성된 양심과 도덕, 그리고 심지어 신앙까지도 우리 마음을 감옥에 가두기 일쑤입니다. 그런데도 사람들은 자신의 마음이 감옥에 갇혀 있다는 것을 모른 채 안타깝게도 스스로 자허를 하곤 합니다.

먼저, 감옥에 갇힌 마음부터 벗어나게 해주십시오. 그리고 힘들면 힘들다고, 아프면 아프다고도 하십시오. 그렇게 여러분의 마음부터 챙기십시오.

괜찮습니다. 그런다고 누구도 여러분에게 뭐라 할 사람 없습니다. 하느님은 사랑이십니다. 그분은 여러분이 아파하는 것보다 기뻐하는 것을 보고 싶어 하시는 분입니다. 저의 이 졸저가 여러분 마음을 챙기는 데 즈금이나마 도움이 되었으면 하는 바람입니다.

"내가 행복해야 내 가족이 행복해집니다."

그러니 이제 자신부터 챙기고 사십시오.

2017년 3월
신부 홍성남

# 목차

| | | |
|---|---|---|
| 추천사 | 서울대교구 보좌주교 유경촌 | 004 |
| 머리말 | 나부터 행복하십시오 | 006 |

**1장 '나' 챙기기**

| | |
|---|---|
| '용서' 그거 어려운 거예요 | 015 |
| 내 마음 같지 않다고요? 그게 정상입니다 | 021 |
| 바른 소리를 가장한 잔소리 | 027 |
| 열등감의 뒷모습은 '잘난 체' | 032 |
| 철든 마음과 철없는 마음 | 038 |
| 다른 사람들 때문에 괴롭다고요? | 043 |
| '너만 잘난 거' 아니거든요 | 048 |
| 나도 혹 소모형 증후군? | 053 |
| '내면의 문제아' 길들이기 | 058 |
| 행복지수를 높여주는 '긍정적인 착각' | 062 |
| 미련하게 살지 마세요 | 066 |

## 2장 '가족' 챙기기

| | |
|---|---|
| 최고의 가정을 만들고 싶다면? | 073 |
| 이혼 훈련? | 077 |
| '거짓 나'로 사는 남편 | 082 |
| 지나친 의존성의 부작용 | 087 |
| 착한 아이 콤플렉스의 남편 | 092 |
| 성격 차이가 이혼 사유? | 097 |
| 자녀에게 가장 큰 선물은 부모 자신 | 101 |
| 자식 기르는 괴로움을 줄이는 방법 | 106 |
| 아들이 여자친구에게 휘둘리고 있다면? | 110 |
| 가족이 스트레스 대상이라면? | 114 |
| 갈등하는 아버지와 아들의 화해 방법 | 119 |
| 슬픔이라는 감정 처리법 | 124 |
| 엄마의 구순 공격적 성향 | 128 |
| 남자라도 힘들면 엄살 부리세요 | 132 |
| 환경성 급성 정신질환 '자살' | 137 |
| 걱정 불안 처리 방법 | 141 |
| 매력적으로 보이는 경계선 성격장애 | 147 |
| 시어머니에게 의존하는 남편 | 152 |

| 3장 | 사람들이 나를 슬슬 피한다면? | 161 |
| --- | --- | --- |
| '관계' 챙기기 | 가까운 사람과 관계를 회복하고 싶다면? | 166 |
| | 과도한 친절과 호의 | 170 |
| | 관계를 원만하게 해주는 공감 | 174 |
| | 거머리 콤플렉스에 걸린 사람 대처법 | 179 |
| | 누군가 나를 지배하려고 한다면? | 184 |
| | 사마리안 콤플렉스 | 189 |
| | 고향 만들기 | 194 |

## 4장 '스트레스' 없애기

| | |
|---|---|
| 가짜 두통 치료법 | 201 |
| 인생의 귀찮은 걸림돌 '짜증' 해소법 | 206 |
| 주제 파악이 안 돼 걸리는 '좌절 콤플렉스' | 210 |
| 엔진이 과열되면 식혀주듯 뇌도 쉬게 해주어야 | 216 |
| 고지식하고 단순한 사람들이 걸리는 병 | 221 |
| 기피 대상 1순위 '당연함의 폭력' | 226 |
| 살아 있는 사람과 죽은 사람의 차이 | 231 |
| 인생의 시궁창 같은 '무기력증' | 236 |
| '편안함'이라는 중독에 빠지면? | 241 |
| 거지 근성 '피해자 콤플렉스' | 246 |
| 거절 불능증 혹은 미안 과잉증 | 252 |
| 손해 유발 덩어리 '빨리빨리병' | 258 |
| 감정의 배설물 '욕' | 263 |
| 게으른 생각이 만든 '고정관념' | 267 |
| 여러분! 행복하시나요? | 271 |

# 1장 : '나' 챙기기

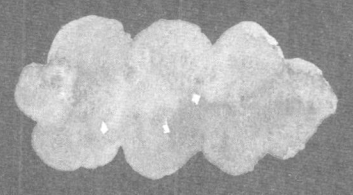

'용서' 그거 어려운 거예요
내 마음 같지 않다고요? 그게 정상입니다
바른 소리를 가장한 잔소리
열등감의 뒷모습은 '잘난 체'
철든 마음과 철없는 마음
다른 사람들 때문에 괴롭다고요?
'너만 잘난 거' 아니거든요
나도 혹 소모형 증후군?
'내면의 문제아' 길들이기
행복지수를 높여주는 '긍정적인 착각'
미련하게 살지 마세요

## '용서' 그거 어려운 거예요

어떤 시골 성당에서 임기가 끝난 본당 신부의 송별회가 열렸습니다. 성당 가득히 모여든 신자들은 아이부터 노인까지 모두 눈물 콧물 범벅이 되었습니다. 보좌 신부보다 더 재미있게 강론을 해서 인기 만점이던 주임 신부가 떠난다고 하니 정이 들 대로 든 교우들이 아쉬움에 눈물을 쏟아낸 것입니다.

그 소식을 들은 주교님도 흐뭇한 마음으로 후임 신부가 발령받아 간 지 몇 달 후 그 본당에 사목 방문을 가셨습니다. 반듯하고 강직한 신부가 갔으니 신자 수가 더 늘었겠지 생각했는데 웬걸, 기대와 달리 성당은 너무나 썰렁했습니다.

전에 방문했을 때는 반가이 맞아주던 신자들이었는데, 왠지 주눅이 들어 있고 눈치꾸러기들이 된 것처럼 보였습니다. 이를 궁금히 여긴 주교님이 본당 신부에게 넌지시 물었습니다.

"요즘 사목하기가 어떤가?"

그러자 새 신부는 기다렸다는 듯 전임 신부를 비난하기 시작했습니다. 신자들의 기강을 흐려놨다는 둥 사제로서 품위 없이 살았다는 둥 용서가 안 된다고 입에 거품을 물었습니다. 그러더니 자기가 와서 그런 '개판' 같은 분위기를 다 잡아놓았노라 자랑하는 것이었습니다.

잠자코 이야기를 듣던 주교님은 속이 불편하다 못해 부아가 치밀어 올랐습니다.

"그래, 자네는 참으로 훌륭한 사람이네. 이렇게 후진 본당에는 적합지 않은 사람이니 내 자네를 딱 필요로 하는 곳으로 보내주겠네."

주교님이 가신 후, 본당 신부는 자기 같은 사람이 이런 곳에서 썩는 것을 주교님이 아까워하셔서 교구청으로 불러주신다고 자랑하고 다녔습니다.

며칠 후, 드디어 보직 발령이 났습니다. 공문 내용은 다음과 같았습니다.

'견공 사육.'

주인 말을 안 듣는 고약한 개들을 다스리라는 것이지요. 이를 보고 신자들은 박장대소를 했다고 합니다.

그날 이후 그 신부에게는 '개신부'라는 별명이 붙어 다녔다는 믿거나 말거나 한 이야기입니다. '용서하지 못한 자의 최후'라고나 할까요.

용서하지 않으면 괴롭습니다. 상대를 끊임없이 비난하게 되고, 그 비난의 말을 듣는 제삼자도 짜증이 납니다. 처음에는 잠자코 들어주다가도 "인제 그만해. 아직도 마음에 담아두고 있다니 속이 너무 좁은 것 아냐?" 같은 소리를 하게 됩니다. 그러나 용서하지 않으면 무엇보다 자기 자신이 더 괴롭습니다.

복음에 용서에 관한 이야기가 자주 나옵니다. 그래서인지 신앙인 가운데는 다른 사람을 용서하는 삶을 살아야 한다는 강박관념을 가진 분들이 많습니다. 그러나 실상 용서란 그리 쉬운 것이 아닙니다. 그저 막연하게 용서하려고 하다가는 오히려 마음에 상처를 입기 쉽습니다. 따라서 용서가 무엇인지, 그 본질을 이해한 다음에 용서하는 삶을 살아야 할 것입니다.

그럼 여기서 다른 사람을 용서하기 어려운 경우부터 살펴보겠습니다.

우선 상대방이 나에게 입힌 상처가 너무 클 때 용서하기 어렵습니다. 누가 나를 살짝 때렸을 때와 칼로 찔렀을 때 두 상처가 같을 수 있나요? 작은 상처는 아무는 시간도 짧고 아픔도 덜합니다. 그러나 상처가 깊으면 어떤가요? 오래가지요?

그러니 지금 내가 누군가를 용서하기가 어려운 상태라면 자책에 앞서 내가 입은 마음의 상처가 얼마나 큰지를 먼저 들여다보아야 합니다. 그 상처가 깊고 크다면 상처가 아무는 시간, 즉 상대방을 용서하기 전에 내 상처가 아물 수 있는 충분한 시간을 주어야 합니다. 용서한답시고 자기 상처를 돌보지 않으면 육신과 마찬가지로 마음은 곪고 썩어서 나중에는 심리적 불구가 될지도 모를 일입니다.

두 번째, 상대방은 아무 생각 없이 한 말인데 내가 민감하고 심각하게 반응해서 용서하지 못할 때가 있습니다. 비유하자면, 몸에 종기가 났을 때 우리는 지나가는 사람이 그것을 건드리지 못하도록 몸을 사립니다. 그러다 누군가가 실수로 종기를 건드리면 화들짝 놀라면서 화를 내지요.

우리 마음에도 이런 종기들이 있습니다. 대개 어린 시절에 입은 상처들이 아물지 못하고 곪아 종기가 되어 숨겨진 것들인데, 다른 사람들은 잘 모릅니다. 그래서 상대방이 무심코 한 말도 나에게는 심각한 아픔이 되어 용서하지 못합니다. 이때도 그 아픔이 가라앉을 때까지 자신에게 시간을 주어야 합니다.

세 번째, 상대방을 나보다 어른으로 볼 때 용서하기가 어렵습니다. 사람의 마음에는 내재아가 있습니다. 그리고 자아에는 어른의 자아와 아이의 자아가 있는데, 다른 사람들에게 상처를 주는 것은 대개 아이의 자아입니다. 그런데 우리는 상대방 아이의 자아는 보려 하지 않고 어른의 자아만을 봅니다. "나잇값도 못하고 저런 짓을 하다니!" 하고 비난하면서 용서하지 못합니다. 그러니 용서를 하고 싶다면 상대방의 내재아, 그의 가슴속에도 미숙한 아이가 있다는 것을 보아야 합니다.

네 번째, 자기 자신을 용서하지 못하면 다른 사람도 용서하기 어렵습니다. 우리가 우리 자신과 갖는 내적 관계는 외적 관계로 연장됩니다. 즉, 나 자신을 잘 이해하고 돌보지 않는 사람은 다른 사람들도 잘 이해하지 못하고 용서하지 못합니다. '속 좁은 사람'이라는 평가를 받는 사람들은 이처럼 자기 자신을 용서하지 못하는 사람들인 경우가 대부분입니다. 그러니 다른 사람을 이해하고 용서하려면 우선 자신을 이해하고 용서하는 삶을 살아야 합니다.

어떤 영성가가 이런 말을 했습니다.

"자기 자신을 제대로 이해하고 잘 용서하는 사람의 마음은 '천당' 같고, 일부만 이해하고 용서하면 그 마음이 '연옥' 같고, 자기 자신을 전혀 이해하지도 용서하지도 않는다면 마음이 '지옥'으로 변한다."

    기도해도 용서가 안 되는 것은 기도의 양이 부족해서가 아닙니다. 기도에 자기 용서의 내용을 포함하지 않았기 때문입니다. 상대방을 용서하기 전에 해야 할 일은 먼저 자신의 마음을 잘 들여다보고 이해하고 용서하는 것입니다. 그렇게 한다면 다른 사람을 용서하는 일이 더욱 편해집니다.

## 내 마음 같지 않다고요?
## 그게 정상입니다

평소 기도보다 화투를 더 좋아하던 광 신부가 화투를 치다가 심장마비가 오는 바람에 그만 죽고 말았습니다. 사목에는 열성적이지 않았지만, 천성이 소박했던 광 신부가 죽자 많은 신자가 아쉬워했고, 그래서 관 속에도 성경책과 함께 새 화투를 넣어주었답니다.

어쨌건 신자들이 '떼기도'를 하는 바람에 광 신부는 어영부영 천당 문턱을 넘었습니다. 그래도 대선배이신 베드로 사도에게 천당 입소 신고식을 해야 해서 찾아갔더니, 베드로 사도가 초췌하고 피곤한 얼굴로 줄담배만 뻑뻑 피우며 고민하고 계시더랍니다.

놀란 광 신부가 사연을 묻자 베드로 사도가 말씀하셨습니다.
"얼마 전 아주 깐깐하고 정의롭기로 소문 난 신부 한 놈이 천당에 들어왔는데, 이놈 성질이 얼마나 지랄 같은지 천당 시스템의 이모저모를 비판하며 난리를 쳐서 성부, 성자, 성령께서는 아예 피신하셨지 뭔가? 성모께서는 나를 보고 자네 후배니 자네가 알아서 처리하라 하셔서 내가 그놈 설득에 나섰지. 그런데 그놈이 나를 보자마자 주님을 배신한 주제에 무슨 할 말이 있느냐고 고래고래 소리를 질러대는 바람에 이러지도 저러지도 못하고 애꿎은 담배만 축내고 있다네. 허 참, 이거야 원."

이야기를 들은 광 신부가 말했습니다.

"아, 그런 문제라면 걱정하지 마십시오. 아주 좋은 아이디어가 있습니다."

"뭔데?"

"천당이 생긴 지 오래돼서 건물들이 아주 형편없으니 이참에 재개발하시고 책임자를 그 신부로 하시는 것이 어떠하겠습니까?"

"그럼 연로하신 하느님과 성모님은 어디로 가신단 말인가?"

"하하, 제가 세상 살 때 연옥 옆에 아주 괜찮은 일본식 온천과 한국식 찜질방이 있다 들었습니다. 요양도 하실 겸 그쪽으로 잠시 거처를 옮기시면 되지 않을까요?"

"그 신부가 재개발을 다 끝내면 그다음은 어쩌란 말인가?"

"염려 놓으십시오. 재개발이란 게 본래 부정부패가 얽히고설킨 사업인지라 그 양반 성격에 아마 뚜껑이 열려서 오래 못 할 테니 아무 염려 마십시오."

그래서 천당의 예루살렘 성전은 연옥 옆으로 옮겨졌고, 재개발이 추진되었는데, 그 깐깐한 신부는 재개발 사업을 추진하다가 화병에 걸려서 지금까지 병석에 누워 일어나지 못하고 있다는 이야기가 오래도록 전해 내려오고 있습니다.

'물이 너무 맑으면 고기가 못 산다'는 속담처럼 너무 옳고 행동이 똑바르면 인정받기보다 주위 사람들이 피하는 경우가 더 많습니다. 같이 식사를 하거나 차를 마시려고도 하지 않고, 어떤 일에도 함께하자고 청하지 않게 됩니다. 큰일이든 작은 일이든 열심히 하고 잘하기 위해 더 노력하지만 아무도 알아주지 않습니다.

자신이 이런 사람의 경우라면 자신을 돌아봐야 합니다. 내가 다른 사람들 마음을 알아주기보다 나를 알아주기만 바라지는 않았는가 하고요. 그렇다면 나를 알아주기를 바라는 마음을 내려놓고, 다른 사람들과 나 사이의 공통점을 찾는 노력부터 해야 합니다.

개들이 처음 만나면 서로 냄새를 맡듯이 사람도 처음 만나면 고향이나 학교 등을 묻곤 합니다. 이는 공통점을 찾아내 친밀감을 형성하려는 무의식적 의도 때문입니다. 고향도 좋고, 학교도 좋고, 무엇이든 좋으니 연결고리를 많이 만든다면, 소외당하지 않고 즐거운 시간을 함께 보낼 수 있을 것입니다.

만약 이런 노력을 해도 안 된다면, 모든 사람이 다 내 마음 같지 않다는 사실을 받아들이는 훈련을 하는 것이 좋습니다. 그러면 덜 속상하고, 시간이 지나면 사람들도 다가올 것입니다.

상담을 받으러 오는 분들에게서 참 많이 듣는 이야기 가운데 "사람들이 이해가 안 간다" "왜 그러는지 모르겠다" "나라면 적어도 그렇게는 안 할 텐데" 같은 말입니다. 이런 말들 속에 숨어 있는 것은 결국 '다른 사람들이 다 내 마음 같으면 얼마나 좋을까?' 하는 바람입니다.

이처럼 다른 사람들이 다 내 마음 같기를 바랄 때 문제가 생깁니다. 다른 사람들은 문제없이 사는데 그런 생각을 하는 나만 손해 보는 삶을 살아야 합니다. 즉, 내 마음 같지 않은 사람들에게 실망하고 상처 입기를 반복하면서 살아야 하지요. 그러니 이렇다면 내 생각을 바꿔야 합니다. 어떻게요? 여기 몇 가지 방법이 있습니다.

첫 번째, 모든 사람이 나와 같으면 '나'라는 사람의 정체성은 존재할 수 없다는 점을 생각해야 합니다. 만약 우리가 서로 친하다고 같은 미용실에서 똑같은 머리를 하고 다닌다면 다른 사람들이 뭐라고 할까요? "쟤들은 뭐야?"라며 우습게 보지 않을까요?

두 번째, 다른 사람과 달라야 그들이 나에 대한 흥미를 잃지 않고 만나는 즐거움을 가질 수 있을 것입니다. 본래 다양한 삶을 사는 사람들을 만나야 배우는 재미를 느낄 수 있는 법입니다. 신부가 바뀌지 않고 오랫동안 사목을 하거나, 신자들의 이동이 적은 본당은 가족적일지는 몰라도 생동감이 없습니다. '그 나물에 그 밥'이라 새로움을 맛보기 어렵게 됩니다. 따라서 삶에 활력을 불어넣으려면 다양한 의견을 가진 다양한 사람들을 만나는 것이 좋습니다.

저는 가끔 신자들과 고스톱을 즐기는데, 지속해서 돈을 딸 때 오히려 이상하게도 재미가 없어집니다. 돈을 잃었다 땄다 하면서 판이 여러 차례 뒤집혀야 재미가 있지요. 인생도 이와 마찬가지여서 똑같은 판이 오래 지속하면 무기력증과 권태감으로 인해 심리적으로 더 힘겨워지는 이상한 결과가 생깁니다.

세 번째, 다른 사람들이 나와 달라야 내 성장에도 도움이 됩니다. 나보다 잘난 사람이 있어야 배우겠다는 의욕이 생기고, 나보다 못한 사람이 있어야 뿌듯한 자신감을 가질 수 있습니다. 만약 모든 사람이 나와 같다면 내 안의 모순과 불합리한 부분들을 말해주고 교정해줄 사람이 없으니 그 인생은 마치 우물 안 개구리처럼 되고 말 것입니다.

이런 여러 가지 이유로 사람은 각기 달라야 하고, 사람들을 내 입맛에 맞게 바꾸려 해서는 안 됩니다.

나와 다른 사람을 이해하기란 참으로 어려운 일입니다. 그러나 서로가 다름을 인정하고 받아들이고 존중한다면, 즉 내가 아닌 다른 사람의 관점에서 사물을 바라보고 생각하는 습관을 갖는다면, '저 사람이 왜 저럴까?' 하는 불안감이 줄어들고 세상을 보는 시야가 넓어질 것입니다.

# 바른 소리를 가장한 잔소리

너무나도 재미없이 착하고, 바르게 살다가 죽어 천당에 간 사람이 있었습니다. 그는 재미없는 세상을 살았던 만큼 천당에서는 엄청나게 재미있는 일들, 수많은 이벤트가 열릴 줄 알았습니다. 그런데 매일 하는 일이라곤 기도나 명상, 아니면 힘든 농사일뿐이었습니다. 게다가 천당 사람들은 왜 그렇게 과묵한지 서로 말도 하지 않고 벙어리들처럼 사는 것이었습니다. 견디다 못한 그는 베드로 사도에게 달려가 천당이 왜 이런지 물었습니다. 그러자 베드로 사도가 이런 이야기를 해주더랍니다.

하느님께서 세상에서 가장 착하고 성실하게 살았던 사람들을 위해 일주일간 해외여행을 시켜주겠다고 약속을 하셨다고 합니다. 얼마나 많은 사람이 모일까, 얼마나 많은 사람이 감사 기도를 올릴까 생각하니 하느님은 절로 기분이 좋으셨습니다.

드디어 출발일이 되었습니다. 그런데 웬걸, 아무도 나오질 않는 겁니다. 그래서 잘못 전달되었나 싶어 베드로 사도가 사람들을 일일이 방문해 알아보고 와 보고했습니다.

"사람들이 여행 경비 많이 든다고 안 간답니다."

"내가 다 대준다고 했는디."

"천당 재정 흔들린다고 안 간답니다."

"재정 끄떡없는디."

"그 재정이 자기들이 낸 헌금이라고 안 된답니다."

"이번엔 내 돈으로 보내주는 거라고 해라."

"그러잖아도 그렇게 말했더니 집 나가면 개고생이라고 안 간답니다."

"이런 빌어먹다 죽을 놈들 같으니라고……. 내 앞으로 이런 일을 다시 하면 사람이 아니다."

그 이후 천당에서는 일체의 이벤트가 사라졌답니다.

이야기를 들은 그가 청했습니다.

"그렇다면 차라리 저를 뜨뜻한 찜질방에서 몸조리나 하게 연옥이나 보내주십시오."

그렇게 그는 연옥에 갔지만, 찜질방에 사람들이 몰려들어 순번

표를 들고 지금까지 기다리고 있다고 합니다.

'바르게 살자'라는 인생관은 훌륭한 것입니다. 반듯한 삶을 살기 위해서 최선을 다하는 사람들은 대개 다른 사람들을 위해서 또 사회의 변화를 위해서 주변 사람들에게도 바르게 살기를 충고하곤 합니다. 문제는 그런 사람들을 주변 사람들이 좋아하지 않는다는 것입니다. 그 자신이 힘들어질 수도 있습니다. 즉, 다른 사람들에게 한 바른 소리로 자신의 운신 폭이 좁아질 가능성이 큽니다. 다른 사람들에게 이래라저래라 하는 것은 자신이 먼저 그렇게 살아야 한다는 것을 전제로 하므로 스스로 강박관념에 시달릴 수 있습니다. 왠지 바르지 못한 자리에 가면 안 될 것 같고, 반듯하지 못한 사람들과는 어울리면 안 될 것 같아 위축된 삶을 살게 됩니다. 그러다 보면 삶의 입지가 서서히 좁아질 수밖에 없습니다.

또, 다른 사람들이 동의해주지 않을 때는 자칫 '왕따'를 당할 가능성이 큽니다. 아무리 옳은 생각이라 할지라도 다른 사람들과 의견을 교환해야지 가르치듯이 해서는 안 됩니다.

바른 소리를 가장한 잔소리를 하는 사람들은 자신이 아는 것이 세상 지식의 전부라고 착각하는 우물 안 개구리 같은 경우가 대부분입니다. 이런 사람들은 근거 없는 우월감과 극심한 열등감으로 심리적 분열을 겪고 있는지라 마음이 편치 않습니다. 그래서 자꾸 다른 사람들이 눈에 거슬리고, 그래서 시비를 걸고 싶은 충동에 시달리게 됩니다.

어떤 나이 든 가수가 젊은 사람들과 잘 지내는 비법에 대해 한 말이 귓전을 울립니다.

"잘 들어주고 내 입은 봉하라."

자기 입에서 나오는 말이 아무리 바른 소리라도 상대방은 꼰대의 잔소리로 여기고 속으로는 피곤해하고 고까워한다는 걸 알아야 합니다. 그런데도 계속 바른 소리를 가장한 잔소리를 한다면 그는 기피 대상 1순위가 될 것입니다.

그런데 사람들은 왜 이토록 바른 소리를 하고 싶어 하는 걸까요? 바른 소리를 자주 하는 사람의 대부분은 자기과시욕이 강하거나 아니면 자기 안의 잔소리가 심합니다.

자기과시욕은 쉽게 말해서 잘난 체하고 싶은 겁니다. 바른 소리를 할 때는 자신은 의롭고 바른 사람이고 상대방은 자신의 소리를 들어야 하는 우매한 사람이라는 무의식적인 생각이 깔려 있게 마련입니다.

자기 안의 잔소리는 심하면 내적 관계에서 외적 관계로 연장됩니다. 즉, 내 안의 잔소리가 심할 때 짜증스러운 마음이 바깥의 대상들에게 잔소리를 퍼붓는 병리적 현상이 발생하는 것입니다. 따라서 바른 소리를 하고 싶을 때는 바르지 않아 보이는 상대방이 아니라 시도 때도 없이 바른말이 튀어나오려는 자기 마음을 들여다보고 자기 입을 조심할 일입니다.

# 열등감의 뒷모습은 '잘난 체'

하늘나라 예루살렘 성전이 재정 악화에 시달리자, 하느님께서는 어쩔 수 없이 관광객들에게 입장료를 받으라고 지시하셨습니다. 그래서 성전을 안내할 관광 가이드를 뽑기로 하고 신심 깊고 겸손한 사람 중에 성전을 잘 아는 사람을 뽑는다는 공고를 붙였습니다.

그런데 아무리 기다려도 지원하는 사람이 없어 결국 열등이라는 주민을 가이드로 뽑았습니다. 그리고 첫날 투어가 시작되었습니다. 그런데 천당 문이 닫힐 저녁 시간이 다 되었는데도 투어에 나간 가이드와 관광객들이 돌아올 기미조차 보이지 않았습니다.

천당 문을 닫아야 할 베드로 사도는 퇴근도 못 하고 저녁도 못 먹고 쪼그리고 앉아서 하염없이 기다려야 했습니다. 날이 어둑어

둑해지자 저 멀리서 관광객들이 오는데 왠지 얼굴들이 찌뿌둥하니 화가 나 있었습니다. 베드로 사도가 그 까닭을 물었습니다.

"저 열등이라는 지수 없는 가이드가 초반부터 자기가 하느님께 얼마나 많은 사랑을 받는지 거품을 물고 길게 말하더니 가는 곳마다 이것도 저것도 모두 자기가 하느님께 아이디어를 드려서 만든 거라고 자랑질을 하지 뭡니까? 심지어 자기가 없으면 하느님은 아무것도 못 한다고까지 허풍을 쳐서 보다 못한 관광객이 '그렇게 잘난 분이신데 왜 천당의 관광부 장관이 못 되고 가이드나 하시는 거유?' 하고 굴었습니다. 그러자 다짜고짜 관광객 멱살을 잡고 싸움질을 하는 바람에 늦었습니다."

이 말을 들으신 하느님께서 분기탱천하셔서 가이드를 잘못 뽑은 자들이 책임져야 한다고 내각을 총사퇴시키셨습니다. 이렇게 해서 천당을 운영하던 열두 제자가 하루아침에 백수로 전락했다는 이야기입니다.

주변을 보면 잘난 체하는 사람들이 있지요? 다른 사람들의 말은 들으려 하지 않고, 늘 자기주장대로만 하려고 하다가 자기 생각대로 일이 진행되지 않으면 인정하지 않고 억지를 부립니다. 또 다른 사람이 성과를 올리면 칭찬은커녕 빈정거리고 불쾌해서 그 앞에서는 다른 사람 칭찬도 하기 어렵습니다. 그런 그는 시간만 나면 "내가 옛날에는 말이야" 하면서 자랑을 늘어놓아 듣는 사람을 괴롭게 합니다.

이런 사람은 자기 잘난 맛에 사는 것 같지만, 실은 열등감이 많은 사람입니다. 열등감은 다른 사람에 비해서 자신은 형편없다는 생각에서 비롯된 감정입니다. 열등감이 심하면 자기 자신에 대한 만족감이 없습니다. 그래서 자신의 장점을 제대로 보지 못하고 마음이 불균형한 상태에 빠져서 헤어나오지 못합니다.

더 큰 문제는 마음속에 늘 분노가 자리 잡고 있다는 것입니다. 그래서 열등감이 강한 사람이 지도자의 자리에 오르면 공격적인 태도를 보이는 경우가 많습니다. 예컨대 공동체 안에서 일하다 보면, 지지해주는 의견과 반대하는 의견이 있게 마련인데, 반대 의견을 그저 나와 다른 관점의 생각이라고 받아들이지 못합니다. 자신에 대해 적대적인 태도라고 생각해서 공격성을 보입니다.

열등감 때문에 자신에 대한 신뢰감이 약해지면, 다른 사람들이 무시할지도 몰라 전전긍긍하는 심정으로 살기 때문에 반대 의견에 민감하게 반응하고 공격적인 태도를 보입니다. 즉, 다른 사람들이 자신의 부족함을 알아챌까 봐 말도 안 되는 주장을 하는 것입니다.

남들이 하는 일에 대해 뒷전에서 빈정거리는 것도 마찬가지입니다. "그까짓 것, 내가 다 해봐서 아는데" "그거 개나 소나 다 하는 일이야" 하는 말을 습관적으로 하는 열등감 강한 사람들은 자신의 인생에서 성공해본 경험이 별로 없는 사람들입니다. 그래서 그들 마음에는 무기력, 외로움, 두려움이 가득 차 있습니다. 앞날에 대한 막연한 불안감을 느끼기도 하고요.

자신이 못한 일을 잘 해내는 다른 사람들에 대한 부러움과 질투 같은 감정들로 마음이 편치가 않은지라 늘 빈정거리는 말을 하고, 그런 빈정거리는 말 속에는 다른 사람들을 무시함으로써 자기 위상을 높이고 싶은 욕구가 있습니다. "아, 걔. 옛날에 내가 키운 애야" 혹은 "그 자식, 옛날엔 별거 아닌 놈이었는데 요즘 뭘 좀 한다지?" 같은 말들에는 자기를 존경하고 높여달라는 유아적인 욕구가 숨어 있는 것입니다.

또 열등감이 강한 사람들은 친척이나 친구 이름을 들먹이는 경우가 많습니다. "내 친구가 누구인데" "우리 친척 가운데 한자리 하는 누구누구가 있는데" 하는 말, 심지어는 케케묵은 조상 이름까지 들먹이면서 자기가 왕손이라는 둥 무슨 무슨 벼슬한 사람의 몇 대손이라는 둥 자랑을 합니다. 재미있는 것은, 그가 말한 자랑스러운 친구를 만나보면 그를 기억하지 못하거나 심지어 꺼린다는 것입니다. 특히 이런 사람은 잘나가는 친척에게 기생충처럼 달라붙어 살려는 경향도 강합니다. 별 볼 일 없이 조상 이름을 팔아먹는 후손을 조상님들이 달가워하실 리도 만무하고요.

열등감이 강한 사람들은 자기 능력이 미치지 못하는 일을 아무 생각 없이 벌이기도 합니다. 사업을 한답시고 돈을 말아먹는 남편을 둔 주부들이 상담하러 와서 많이 하는 말이 있습니다. '자기 남편은 구멍가게나 할 사람인데, 사업가로 보이고 싶어서 빚을 끌어다가 무리하게 장사를 해서 망하기를 밥 먹듯이 한다'는 것입니다.

열등감이 강한 사람들은 자기 실체를 인정하기가 두렵고, 다른 사람들이 자기의 실체를 볼까 봐 외적인 치장으로 방어막을 만드는 데 온갖 노력을 기울입니다. 아무 힘도 없는 직책들을 명함에 줄줄이 올려놓고 사는 사람, 돈도 별로 없는데 더 큰 집, 더 좋은 집으로 셋방살이를 전전하는 사람, 잔치를 떡 벌어지게 하고선 매일 라면으로 끼니를 때우는 사람이 대표적인 사례입니다.

이런 사람들은 다 무너져가는 흉가나 상갓집이 나오는 꿈, 혹은 헐벗은 아이가 폐허를 헤매는 꿈을 흔히 꾸는데, 모두 자아가 상징화되어서 나타나는 꿈입니다.

열등감에 시달리는 이들에게 작은 시구 하나 알려드립니다.

사람의 마음은 연못입니다.
그 연못물은 온갖 잡동사니 같은 감정들로 가득합니다.
그러나 그곳에서 연꽃 같은 내 자아가 피어납니다.
자신의 연못을 사랑하십시오.
연못이 더럽다고 묻어버리거나 퍼내어 없어려는
자학적인 행위일랑 그만하시고
구정물 같은 내 마음의 연못을 사랑하십시오.
그래야 여러분의 연꽃이 피어납니다.

# 철든 마음과
## 철없는 마음

한 신부가 자기 믿음이 약한 것을 한탄하다가 근처 개신교로 부흥회 구경을 갔습니다. 거기서 부흥사를 보고 신부는 매우 감탄했습니다. "믿습니다, 주님!" 하고 소리칠 때마다 헌금 바구니에는 헌금이 넘쳐났고 부흥사는 자신감이 넘쳤습니다.

신부는 무척 감동한 나머지 자기도 사제관으로 돌아와 "믿습니다!" 하고 흉내를 내보았습니다. 그리고 본당에서도 "믿습니다!"를 외치기 시작했습니다. 뜻밖에 반응이 좋자 자신감이 생겨서 더욱더 소리 높여 "아버지 하느님, 믿습니다!"를 외쳤고 헌금 바구니에도 헌금이 넘쳐나기 시작했습니다.

그러다가 신부가 죽어서 하느님 앞으로 가게 되었습니다. 그런데 보무당당하게 천당 문을 들어서려는 순간, 베드로 사도가 부랴부랴 뛰어나오는 것이었습니다.

"야야, 너는 여기가 아니다."

"왜요?"

"너 세상에 있는 동안 '아버지 하느님, 믿습니다'라고 늘 외쳤지?"

"네, 소리 높여 외쳤지요."

"이 철없는 놈아, 그것 때문에 하느님이 얼마나 열받으셨는지 아느냐?"

"왜 열을 받으셨을까요?"

"주님이 언제 헌금 바구니 채우라 했더냐? 네가 '아버지 하느님' 하고 외쳐 바구니를 채울 때마다 천당 주민들이 하느님께 '왜 저 애를 버리셨습니까? 하느님께서 혹 의붓아버지이신지요?' 하고 물어대서 하느님이 너무나 창피해하셨다. 그래서 네가 죽으면 절대 당신 눈에 띄지 않게 하라고 엄명을 내리셨다."

지금도 천당 쓰레기 처리장에 가면 "아버지 하느님, 믿습니다!"를 외치는 신부를 만날 수 있다는 슬픈 이야기가 전해지고 있답니다. 천당 쓰레기장은 돈이 버려지는 곳이랍니다.

요새 성형수술을 많이 한다고 합니다. 코가 마음에 안 든다고 코를 세우고, 뱃살이 마음에 들지 않으면 수술로 지방을 빼서 날렵한 허리를 가지려고 합니다. 이처럼 몸이 마음에 들지 않으면 수술로 어느 정도 다듬고 고칠 수 있습니다(물론 부작용이 적지 않지만). 그러나 마음은 그렇게 할 수가 없습니다.

마음을 완벽하게 만들 수 없는 이유에 대하여 심리학자 아돌프 굿겐볼 크레이그 Adolf Guggenbuhl Craig는 이렇게 설명했습니다.

"어떤 사람의 마음에도 치유될 수 없고 성장할 수 없는 마음, 즉 '원형적인 장애'가 있기 때문이다."

즉, 사람 마음에는 철들 수 있는 부분이 있는가 하면, 아무리 노력해도 철들지 않는 부분이 있다는 것입니다.

그런데도 우리는 그런 부분을 인정하려 하지 않고 무리하게 손을 보려고 합니다. 왜 인정하려 하지 않는 걸까요? 심리학자 토머스 무어 Thomas Moore에 의하면, 현대인들이 어린아이와 같은 특성의 가치를 모르기 때문이라고 합니다. 즉, 어린아이 같은 면은 극복해야 할 대상, 혹은 큰 결함이어서 어른으로 성장해야 한다는 강박적 신념이 따릅니다.

특히 보수적인 윤리 교육을 받은 이들은 이런 신념이 다른 사람들보다 더 강해서 자기 안의 철없는 부분을 결코 인정하려 하지 않습니다. 그래서 철없이 구는 사람들에게 심한 투사를 하고 그들에게 짜증이나 화를 내곤 하는 것이지요.

예를 들어 모차르트나 아인슈타인의 삶을 다룬 전기나 영화를 보면서 그들의 천재성에 감탄하기보다 철없는 행동에 먼저 반응한다면 그는 병적인 투사가 있기 때문입니다. 또 신앙생활을 열심히 하는 사람 가운데는 성당에 놀러 다니는 듯 보이는 사람을 철이 없다며 비난합니다. 이런 사람들은 역설적이게도 자신의 마음이 힘겨운 상태입니다. 현실적인 자기를 부정하고 이상적인 자기만을 고집하여 마음이 찢어질 지경이 되었기 때문입니다. 우리가 사람을 평가할 때 철없다고 하는 것은 인격이 미성숙하다는 뜻입니다. 그리고 상대적으로 철든 사람은 성숙한 사람이라고 하는데, 성숙한 정도를 넘어서 완전한 사람이야말로 철든 사람이라는 신념을 가지고 있기에 힘든 것입니다.

그렇다면 우리는 어떻게 해야 할까요? 철들지 않은 자기 안의 어린아이 같은 점을 개성으로 인정하고 살아야 합니다. 철이 들기 위한 노력은 하되 고쳐지지 않는 부분은 그냥 안고 살려는 마음가짐을 가져야 합니다. 그래야 마음이 가진 역량을 충분히 발휘할 수 있고, 쫓기지 않고 편안할 수가 있습니다. 철없어 보이는 사람들에게 이유 없이 히스테리를 부리지 않게 되는 것입니다.

따라서 마태복음 5장 48절의 말씀 "하늘에 계신 아버지께서 완전하신 것처럼 너희도 완전한 사람이 되라"는 말씀은 마르코복음 10장 15절 "누구든지 어린이와 같이 순진한 마음으로 하느님 나라를 받아들이지 않으면 결코 거기 들어가지 못할 것이다"라는 말씀과 연관 지어 생각해야 합니다.

완전한 사람이란 말씀이 어른스런 완전한 인격을 갖춘다는 의미에 국한된 것이 아니란 것입니다. 주님께서는 당신 자신이 좀 더 유연하고 좀 더 폭넓은 전인개념을 가지셨던 분이란 것을 아이들에 대한 사랑으로 보여주고 계십니다. 그리고 마르코복음서의 "어린이와 같은"이란 말 역시 좀 더 깊이 생각해야 합니다. '어린아이처럼 순수한'이란 뜻의 CHILDLIKE입니다. 우리는 어릴 때부터 순수한 마음을 가지되 유치하게 사는 것은 안 된다고 배워왔는데 현실적으로는 그럴 수 없습니다. 이 두 가지는 종이의 양면 같아서 떼려야 뗄 수 없기 때문입니다. 즉, 위에서 말한 것처럼 두 가지 요소를 모두 내 안의 부분으로 인정할 때에 건강한 신앙인의 삶을 살게 됩니다.

## 다른 사람들 때문에
괴롭다고요?

베드로 사도가 과중한 업무로 하느님을 오랫동안 뵙지 못하다가 짬을 내어 문안을 드리러 갔습니다. 그런데 오래간만에 뵙는 하느님의 용안이 영 우울해 보였습니다. 베드로 사도는 걱정스러워 무슨 일이 있으시냐 물었습니다. 그러자 하느님께서 한숨을 쉬며 말씀하셨습니다.

"내가 이제 나이 들어 거동이 불편하니 내 시중을 들 자매 하나를 보내라."

그리하여 일 잘하기로 소문난 과수댁이 하느님 말동무 겸 시중을 들기 위해 왔습니다. 그러나 얼마 안 가 하느님은 불만을 토로하셨습니다.

"일만 잘하면 뭐해? 일은 잘하지만 조금만 제 마음대로 안 돼도 온종일 구시렁대서 내가 못살겠다. 자려고 하면 죽은 남편 이야기를 늘어놓으며 말동무를 해달라 조르고, 안 해주면 입이 튀어나와서 다음 날 아침까지 표정이 일그러져 있으니 어디 살겠냐? 이것도 불만 저것도 불만, 다 주님 탓이라면서 내 원망을 한다. 견디다 못해 한마디 할라치면 '과부라고 업신여기는 것이냐?'며 시끄럽게 울어대서 아주 우울하다."

"아, 그러셨어요? 진작 말씀하시지요. 제가 인사 발령을 다시 내겠습니다."

베드로 사도는 의심 많기로 유명한 도마 사도의 시복사로 과수댁을 다시 발령냈습니다. 그랬더니 음식을 하건 청소를 하건 도마 사도가 하도 의심을 해대는 바람에 견디다 못한 자매가 천당 담을 넘어 야반도주해서 지금까지 어디 사는지 모른다는 이야기입니다.

상담하면서 자매님들에게 가장 많이 듣는 이야기가 무슨 말인지 아십니까?

"남편을 잘못 만나서" "시부모를 잘못 만나서" "자식이 말을 안 들어서"입니다. 이는 자신의 심리적 고통의 원인을 외부에서 찾는 것입니다. 여자라면 누구나 공감할 만한 내용이지만, 이처럼 고통의 원인을 외부르 돌리는 경향이 지나치면 상담가로서는 심리적인 문제가 있다고 보게 됩니다.

그런데 왜 우리는 속상한 일이 생기면 그 원인이 다른 사람 때문이라고 생각하고 싶어 하는 걸까요?

첫 번째로는 외부 환경을 바꾸기가 훨씬 쉽다고 생각하기 때문입니다. 그래서 남편이 조금만 달라진다면, 자식이 조금만 달라진다면, 직장상사가 조금만 변한다면, 하면서 입에 조금만을 달고 살다가 그들이 바뀌는 걸 보지도 못하고 죽는 것입니다.

두 번째로는 무의식적 두려움 때문입니다. 사람이 자기 마음을 본다는 것은 어두컴컴한 동굴을 들어가는 것 이상으로 두려운 일입니다. 자기 안으로 들어가서 어떤 것과 마주칠지 모르기 때문에 차라리 자신은 문제가 없다고 생각하고, 비난의 화살을 다른 사람들에게 돌리고 싶어 하는 것입니다.

세 번째로는 무력감 때문입니다. 아무리 노력해도 상황이 달라지지 않을 때는 누구나 자신이 아무것도 할 수 없다는 무력감에 빠집니다. 그래서 차라리 바깥에 문제가 있다고 생각함으로써 무력감에 빠지려는 자기를 보호하려 합니다.

네 번째로는 자신 안에서 찾기보다는 외부에서 찾는 것이 시간상으로 빠르다고 생각하기 때문입니다. 그래서 마치 엉킨 실타

래에서 실 끝을 찾는 것과 같은 더디고 지루한 자기탐색은 포기하고 "저 사람이 나쁜 놈"이고 "저 사람이 문제의 원인"이라고 단정적으로 낙인을 찍어버리는 것입니다. 이런 태도는 자신을 들여다보는 것을 피하고, 자신을 현재 상황에 부닥치게 한 환경이나 다른 사람에게 비난의 눈길이 가게 합니다. 그래서 그 원인 제공자를 변화시키겠다고 필요 이상의 노력을 하게 되는데 결과는 그리 좋지 않습니다. 상황을 개선하기보다 더 어렵게 만들거나 자신의 고통을 가중시키기 십상입니다.

그렇다면 어떻게 해야 할까요? 자신의 고통에 대한 생각을 바꿀 필요가 있습니다. 일반적으로 사람들은 심리적 고통을 없애거나 벗어나야 하는 부정적인 것으로 생각합니다. 그러나 심리적 고통은 반드시 부정적으로 작용하는 것만은 아닙니다. 이것은 자신을 돌보라는 신호이자 변화를 요구하는 내면의 소리입니다. 그래서 마음이 상할 때는 먼저 자신을 들여다보아야 한다고 하는 것입니다.

우리 교회에서 미사 때마다 '내 탓이요' 하는 것은 바로 그런 이유 때문입니다. '내 탓이요'는 자기 자신을 탓하라는 말이 아닙니다(그런 마음으로 내 탓을 하면 종교적 우울증, 불안증, 완전강박증, 세심증 등 온갖 신경증적인 질병에 시달리게 됩니다). '내 탓이요'는 자기 이해를 하라는 것입니다. 이런 자기 이해는 자신의 내면에 존재하는 심리적 고통의 원인을 명확하게 보도록 해주고, 그 원인을 찾아 변화시킴으로써 자신을 새롭게 체험케 해줍니다.

만약 우리가 심리적 고통을 전혀 받지 않는다면 어떤 일이 생길까요? 속상함은 없을지 몰라도 다른 문제들, 무력감, 권태감 등에 시달리며 심리적 비만에 걸려서 추하게 늙어가게 될 것입니다. 심리적 고통은 지나치지만 않다면 적당량 필요합니다. 이렇게 설명을 해드려도 자기 자신을 보지 못하는 분들은 내적인 문제가 있는 분들입니다. 특히 부정적 자기평가, 즉 자기 비난이 심하거나, 심리적 자해 행위가 심한 사람들이 그렇습니다. 이런 분들은 대개 깊은 상처를 오랫동안 치유하지 않고 끌어안고 살아온 이들이라서 누가 그것을 건드릴라치면 기겁을 하며, 거부하거나 상대방을 정도 이상으로 공격해 당혹스럽게 만듭니다. 만약 그런 상태라면 그는 전문가에게 상담 치료를 받을 것을 권고합니다.

## '너만 잘난 거'
## 아니거든요

어느 날 성모님께서 분기탱천하시어 한 남자의 귀를 잡아끌고 아들인 예수님을 찾아오셨습니다. 놀란 예수께서 보니 천당 감사원에서 근무하는 사람이었습니다. 살아 있을 때도 늘 반듯했고 '바른생활맨'이라는 별명처럼 거짓이라곤 없는 사람이기에 천당 감사원으로 발령냈는데 웬일인지 성모님께 귀를 잡혀 끌려온 것입니다.

예수님이 자초지종을 여쭈었습니다.

"평소에 착하게 살진 않았지만 늘 묵주기도를 한 사람들이 천당 문밖에서 날 찾고 있기에 하도 안쓰러워 내가 그들을 개구멍으로 천당에 들어오게 해주었다. 그런데 이놈이 그 사람들을 불법체류자라고 천당 밖으로 내동댕이쳤을 뿐만 아니라 개구멍까지 시멘트로 막아버리지 뭐냐? 죽어라 묵주기도를 했던 사람들이 살려달라고 천당 밖에서 아우성을 치니 내 이놈에게 좀 봐달라고 했다. 그랬더니 주님의 어머니라 해도 절대 안 된다고 해서 화가 나 끌고 왔다."

성모님의 이야기를 듣고 난 예수님도 그에게 부탁조로 말씀하셨습니다.

"내 체면을 생각해서라도 웬만하면 눈 좀 감아주게. 이 사람아!"

그러자 바른생활맨은 예수님에게 눈을 치켜뜨며 말하는 것이었습니다.

"아니, 엄청 공정하셔야 할 주님마저 이러시면 어떻게 합니까. 천당 질서를 문란케 하시면 안 됩니다."

화는 났지만 틀린 말은 아닌지라 예수님은 꾹꾹 참고 다시 말씀하셨습니다.

"그래, 자네 말이 맞네. 자네처럼 바른 사람이 많아야지. 그런데 그런 윤리교육은 어린아이 때부터 해야 하니 이제부터 자네는 어린이집에서 아이들 교육 담당으로 근무하도록 하게."

그래서 바른생활맨은 다음 날부터 바로 어린이집으로 출근하게 되었는데, 출근해 보니 교사가 아무도 없어서 혼자서 그 많은 아이 치다꺼리하느라 얼굴이 누렇게 떴다고 합니다.

학창시절 내내 공부 잘하고, 대학도 이른바 명문대를 나와 특별히 실패 경험도 없는 엘리트들은 직장에서 승진 누락이 되거나 좋지 않은 보직에 발령이 나면 아주 힘들어합니다. 허구한 날 술로 화풀이를 하면서 자기 같은 인재를 몰라보는 직장을 원망하기도 합니다.

만약 가족 가운데 이런 사람이 있으면 마음을 헤아려주어야 합니다만 언제까지 어린아이 달래듯이 할 수는 없는 노릇입니다. 들어주는 것도 한계가 있고, 또 그럴 때마다 들어주다 보면 달라질 생각은 않고 응석 욕구를 채우려는 잘못된 습관이 몸에 밸 수도 있습니다.

이런 경우 보통은 직장 관계 문제로 보이지만, 실상은 자신이 만든 허상으로 인해 생긴 심리적인 문제입니다. 즉, 자신이 아주 유능하고 괜찮은 사람이라는 허상 때문에 힘들어하는 것입니다. 그런 허상을 제거하지 않는 한 내적 갈등은 사라지지 않습니다.

이를 해결하는 방법은 '잘난 나'라는 허상을 벗고 '못난 나'를 인정한 상태로 다시 사는 훈련을 하는 것입니다. '나를 이런 데로 보내다니' '나는 이렇게 살 사람이 아니야' 같은 생각을 뿌리치고,

'요즘 같은 세상에, 또 내 나이에 다닐 수 있는 직장이 있다는 것만으로도 얼마나 다행인가?' 하는 생각을 가진다면 달라집니다. 그렇게 자신을 낮추어 생각해야 마음에 다행감이 생기고, 다시 노력하고 싶은 욕구가 올라옵니다. 말이야 바른말이지 '너만 잘난 게' 아니거든요.

칭송받는 어느 노 신부가 사제생활이 힘들지 않느냐는 질문을 받았습니다. 노 신부는 손사래를 치면서, 나같이 허물 많은 사람을 사제로 불러주신 하느님께 늘 감사할 뿐이라고 하시더랍니다. 겸손의 삶, 못난 나를 기점으로 사는 분이시기에 이런 말씀이 가능했던 것이지요.

루가복음 14장 11절 "누구든지 자신을 높이는 자는 낮아질 것이요. 자신을 낮추는 이는 높아질 것이다"라는 주님의 말씀을 마음에 새기고 늘 묵상하면 마음이 한결 편안해질 것입니다.

물론 이런 노력을 못 하는 사람도 있습니다. 옆에서 조언해도 전혀 먹히지 않습니다. 분노에 사로잡혀 있을 때는 다른 사람의 이야기가 잘 들리지 않기 때문입니다. 이럴 때는 소귀에 경 읽기라며 속상해하지 말고 그냥 내버려 두는 게 좋습니다.

감정 해소가 덜 되었는데 "좋게 생각해" "긍정적인 생각을 가져

봐" 하는 식의 이야기가 효과 있을 리 없는 것은 둘째 치고, 자칫하면 역효과가 날 수도 있습니다. 대개 별 실패 없이 살아온 사람은 작은 실수를 해도 큰 타격을 입고, 회복도 무척 더딥니다. 심리적 면역체계가 허약해서입니다. 따라서 혼자 몸부림치는 시간을 갖는 것이 좋습니다. 그렇게 난리를 피우다 지치면 자기 꼴이 보이기 시작하고 제정신을 차릴 것입니다.

배우자가 이런 경우라면 옆에서 보기가 무척 괴롭지요. 저러다 말겠지 하는 마음이 든다면 괜찮지만, 만약 계속 불안감이 올라온다면 별도로 불안에 대한 상담을 받는 것이 좋습니다. 한쪽은 분노, 다른 한쪽에는 불안을 가진 부모가 있다면 그들의 아이들은 우울증에 걸릴 확률이 높아지기 때문입니다.

## 나도 혹 소모형 증후군?

하느님께서 연세가 들어 사람 보는 눈이 무뎌지셨는지 천당 내각을 구성하는데 그야말로 꼴통들을 앉히셔서 천당 주민들의 원성이 하늘을 찌를 듯 높아졌습니다. 이에 위기의식을 느낀 베드로 사도가 하느님께 진언을 드렸습니다.

"하느님, 이대로 가다가는 천당 주민들로부터 불신을 당할지도 모르니 사람 볼 줄 아는 사람을 하나 고르셔서 인재를 등용하시지요."

그러면서 베드로 사도는 한 남자를 천거했습니다. 눈이 매섭게 생기고 입이 닭 주둥이같이 튀어나온 것이 사람 보는 눈이 매서울 것 같아 하느님께서는 흔쾌히 승낙하셨습니다. 그리고 나자 천당 신문에는 연일 내각 구성원들이 추풍낙엽처럼 보직에서 해임되는 것이 보도되었습니다. 이를 본 천당 주민들은 드디어 천당이 정의 구현한다고 좋아했습니다.

그런데 어느 날 인재를 천거하던 그 사람의 모가지가 잘렸다는 짧은 뉴스가 보도되었습니다. 놀란 베드로 사도가 하느님 성전으로 뛰어 올라가 어찌 된 영문인지 물었습니다.

"그놈이 이 사람 저 사람 허점을 잡아내는 데 하도 귀신같아서 탄복했다. 그러다 보니 정작 일을 할 사람이 하나도 남아나지 않더라. 그리고 막판에는 그놈이 미쳤는지 눈을 치뜨고 나를 보고도 나이가 들어서 천당을 운영할 능력이 모자라니 은퇴하라고 하니, 하도 괘씸해서 사람 쪼아대는 게 취미인 그 녀석에게 딱 맞는 곳으로 보내버렸다."

"거기가 어딥니까?"

"천당 닭공장이다."

우리 주변에는 특별히 남의 단점을 아주 잘 보는 사람들이 있습니다. 신문을 보다가도 방송을 보다가도 마음에 들지 않는 게 보이면 버럭버럭 화를 내고, 운전할 때 앞차가 조금이라도 늦으면 경적을 울리며 상소리를 해대고, 직장에서는 아랫사람들을 몰아붙이고 무시하기 일쑤인 그런 사람들입니다.

이런 사람들의 특징은 첫째, 자기 행동은 늘 정당하며 옳다고 생각하는 경향이 강합니다. 그래서 다른 사람들에게 심하게 잔소리를 하거나 야단을 칩니다. 둘째, 망상이 강합니다. 예를 들어서 지나가는 사람이 아무 생각 없이 쳐다보았는데 왜 노려보느냐고 시비를 겁니다. 셋째, 피해의식과 열등감이 커서 다른 사람들이 잘되는 꼴을 못 보고 늘 빈정거리거나 흠집을 잡아내려고 합니다. 넷째, 말꼬투리를 잡고 늘어져서 대화를 싸움판으로 만드는 일이 비일비재합니다. 다섯째, 마음 불편하게 만드는 대상에 대한 생각을 불러일으켜서 스스로 자기 마음을 불쾌하게 만들며 살아갑니다. 이와 같은 사람들은 '소모형 증후군'에 걸린 것입니다. 이런 사람들은 자신이 만든 덫에 스스로 걸려 빠져나가지 못하고 있는 것입니다. 이 사람들은 '내 탓이요'의 의미를 잘 새기면서 살아야 합니다. 습관적으로 남의 탓을 하고 살아서 자신이 가진 문제의 해결 실마리를 찾지 못하고 있기 때문입니다.

심리 치료에서는 문제 해결에 앞서 그 원인이 자신에게 있음을 인정하기만 해도 절반은 해결된 것이라고 합니다. 원인을 알면 그 문제에서 거리를 두는 것이 가능해지고, 이렇게 자기감정과 분리되면 다시 똑같은 상황에 놓였을 때 멈칫하면서 '아, 내가 똑같은 행동을 반복하고 있구나' 하고 다른 행동을 선택할 수 있는 주도권을 갖게 됩니다. 물론 단번에 이런 변화가 일어나지는 않습니다. 우리 마음속에는 변화하고픈 마음과 변화하지 않으려는 마음, 그리고 새롭게 살려는 마음과 과거를 반복하고 싶어 하는 마음이 공존하기 때문입니다. 그래서 깨달은 것을 생활에 적용하는 데는 전진과 후퇴를 반복하는 오랜 시간과 노력이 필요하게 됩니다. 또한, 내게 다가온 안 좋은 일들, 불행한 일들이 외적 요인에 의해서가 아니라 내 선택 때문에 생긴다는 점을 인식해야 합니다. 사람의 행동을 유발하는 것은 외부의 작용이 아니라 자신의 욕구, 즉 자신의 선택에 기인합니다. 만약 우리 행동이 외적 요인에 의해 매번 똑같이 결정된다면, 똑같은 상황에서 똑같이 화를 내고 살아가고 있다면, 그는 반복적으로 화를 내는 것 말고는 다른 행동을 취할 여지가 없는 삶일 것입니다. 그렇다면 그는 머리가 없는 기계이지 사람이라고 할 수 없습니다. 사람이 기계가 아닌 것은 자기감정을 통제할 수 있고 다양한 선택을 할 수 있기 때문입니다. 이처럼 사소한 일에 반복적으로 화를 내는 것은 참으로 많은 에너지를 낭비하는 삶입니다.

  많은 심리학자가 말하기를 현대인은 '속도중독증'에 걸렸다고 합니다. 자기 욕구를 지금 당장 충족하려는 템포 바이러스에 감염되어 욕구 충족을 지연시키기를 아주 싫어하는데, 이런 삶이 계속되면 자제력은 점점 더 엷어지고 불안감은 점점 더 커집니다.

왜 이런 증상에 시달리는 현대인들이 점점 많아지는 걸까요? 자신의 존재 의미가 불확실하고, 인생의 목표가 없을 때 그 불안함은 사람들이 브레이크 없는 질주를 하게 만들고, 미래보다 현재가 주는 쾌락에 병적으로 매달리게 합니다. 우리 교회에서 아침기도, 저녁기도를 권하는 것은 이런 속도중독증, 소모형 증후군을 치유하는 데 기도가 얼마나 큰 역할을 하는지 알리기 위해서입니다. 똑같은 상황에서 똑같이 부정적인 반응이 나타날 때는 잠시 가던 길을 멈추고 주님께 기도하면서 몸과 마음의 휴식을 취한다면, 서서히 소모형 증후군에서 벗어날 수 있을 것입니다.

# '내면의 문제아' 길들이기

가끔 일부 정치인이나 연예인들이 상식을 벗어난 망언을 해서 손가락질의 대상이 되곤 합니다. 그런데 이들에 대한 사람들의 비난은 지나쳐 잔인하기까지 한데요. 마치 자기들은 문제가 없고 그들에게만 문제가 있는 것처럼 몰아붙이기도 합니다. 하지만 이런 행태는 자기기만, 자기도취의 전형이라고 할 수 있습니다.

우리는 흔히 자신은 객관적이고, 논리적이고, 합리적이며, 도덕적이어서 자기감정을 잘 통제하며 산다고 생각합니다. 즉, 자신을 이성적 존재라고 생각하고 그렇게 행동하려 합니다. 그래서 스스로 양반, 지성인, 신사, 숙녀, 참한 여자 등등의 말로 치장합니다. 그래서 누군가가 엇나간 말과 행동을 하면 '쌍것'이라느니, '배우지 못한 것'들이라느니 독설을 퍼붓습니다.

이런 우리는 언제까지고 도덕군자인 양 살 수 있을까요? 어불성설입니다. 사람의 마음속에는 어른의 자아와 아이의 자아가 공존하고 있는 데다가 아이의 자아 중에는 철들지 못하게 하는 내면의 문제아(the inner brat)가 있어서 절대로 그럴 수가 없습니다. 내면의 문제아는 아주 성격이 급해서 도무지 기다리질 못하는 데다, 자신이 원하는 대로 되지 않으면 말 그대로 발광합니다. 소리를 지르고 욕설, 비난을 퍼붓거나, 아예 삐져서 말을 안 하는 비이성적 행동을 하기도 합니다. 마치 미운 네 살 같은 행동을 합니다. 이렇게 밖으로 내뱉지 못하면 술이나 약물, 도박 같은 것에 중독되어 인생을 파괴적인 방향으로 끌고 갑니다.

이 내면의 문제아가 발작을 일으켰을 때 우리는 스스로 정상이 아니란 것을 인지합니다. 그러나 거기에서 쉽게 벗어나기가 어렵습니다. 내재아가 발동되었을 때 통제할 수 있는 사람은 아주 소수라고 합니다.

그럼 어떤 사람들이 이런 내면의 문제아에 취약한 성향일까요?

지나치게 자기중심적인 이기적인 사람들, 미성숙한 사람들, 말 그대로 철들지 않은 사람들에게서 이런 현상이 강하게 나타납니다. 요즈음 세간의 입방아에 오르내리는 사람들의 어록을 보면 자기애가 지나치게 강한 사람들이란 느낌이 듭니다. 그래서 내면의 문제아가 통제가 안 되어서 나이에 걸맞지 않은 말과 행동으로 주위 사람들을 힘들게 하면서도 본인은 잘 모르는 것입니다. 이처럼 내면의 문제아는 자기 절제 능력이 부족한 사람에게서 나타나는 현상인데 때로는 절제를 잘하는 사람들에게도 나타납니다. 지나치게 스트레스를 많이 받아서 지쳤을 때 내면의 문제아가 튀어나와서 사고를 치는 것입니다. 평소에는 점잖고 예의 바른 사람이 술을 마셨을 때 갑자기 전에 보지 못한 모습을 보이는 것은 바로 이 문제아가 저지르는 짓입니다.

그렇다면 이 문제아를 어떻게 해야 할까요?

이것들은 없앨 수도 없애서도 안 되는 것들입니다. 우리 자아 중의 하나이기에 그렇습니다. 길을 잘 들여서 데리고 살아야 합니다. 그 방법의 하나는 정신적인 왕따를 시키는 것입니다. 우리 마음속의 후미진 곳으로 밀어내어 영향력을 최소화시키는 것이 가장 최선입니다.

일정한 기도시간을 정해놓고 마음속에서 통제하지 못할 발작적인 현상이 나타나더라도 흔들리지 말고 기도시간을 다 채운 후에 일어나는 훈련을 하게 되면 효과가 나타납니다. 간혹 어떤 분들은 내면의 문제아를 마귀 혹은 악마라고 생각하고 구마기도를 하거나 자기 안에서 제거하려고 시도하시는데 내면의 문제아는 마귀나 악마와는 다른 것입니다. 마치 사과와 토마토만큼 다릅니다. 마귀는 영악하고 유혹적이어서 긴 시간을 두고 우리의 영혼을 자기 뜻대로 이끌어 가려고 하는 데 반해 내면의 문제아는 그렇게 치밀하고 지속적이지는 못해 단기간에 욱하고 올라오는, 단지 유치하고 무절제하며 미숙한 자아일 뿐입니다. 그런데 그런 문제아를 제거하려고 하다가는 자칫 문제아를 더 문제아로 만들 위험성이 큽니다. 자식이 말을 듣지 않는다고 마귀 취급을 하고, 구마기도를 하면 아이가 더 문제아가 되듯이 내면의 문제아도 그렇습니다. 그리고 그보다 더 큰 문제는 자칫 분열증에 걸릴 위험도 크다는 것입니다. 내 안의 자아를 내면에서 제거하려면 생길지 모르는 부작용이기에 식별을 잘하셔서 마귀일 경우는 구마기도를 하셔야 하지만 내면의 문제아일 경우에는 잘 길들이는 훈련을 하셔야 합니다.

# 행복지수를 높여주는 '긍정적인 착각'

하느님께서 우리를 심판하다가 과로로 자리보전을 할 지경이 되셨습니다. 사람들이 올 때마다 일일이 접수하고 면접하고, 끝나면 서류 정리까지 하느라 그만 몸이 견뎌내지 못하게 되신 것입니다. 그 모습을 본 베드로 사도가 사무장 한 사람을 뽑아 접수를 비롯한 잔무를 맡기고 하느님은 면접만 하시는 것이 어떨지 제안했습니다. 하느님께서도 일리 있는 말이다 싶어 베드로 사도에게 사무장 뽑는 일을 일임하셨습니다.

베드로 사도는 이력서들을 보고 가장 화려한 경력을 가진 사람을 사무장으로 뽑았습니다. 그런데 사무장이 생긴 이후 이상하게도 하느님과 면접하는 사람 수가 대폭 줄었습니다.

"아니, 사람들이 불로장생약이라도 먹나? 왜 이리 면접자 수가 줄었지?"

궁금증을 참다못한 하느님께서 천당 문밖으로 나가셨습니다. 천당 문 안에는 인적이 드물기만 한데 천당 문 앞에는 수많은 사람이 배급을 타려는 양 길게 줄을 서 있었습니다. 사무장 녀석은 감투라도 쓴 양 무게를 잡으면서 사람들에게 뭔가를 팔고 있었고요. 가만 보니 면접 순서표였습니다. 그 가격이 얼마나 비싼지 사람들이 살 엄두를 못 내고 하염없이 줄만 서 있는 것이었습니다.

이에 대로하신 하느님께서 사무장을 즉각 해임하는 동시에 감옥에 처넣어 버리셨는데 사무장은 회개하기는커녕 "나 같은 인재를 몰라보는 하느님은 물러나라!" 하면서 매일 일인 시위를 했습니다.

그 이후로 천당에서는 경력이 화려한 사람들을 배제하는 경향이 생겨, 천당 행정부 요인들이 무학력·무배경의 전직 백수들로 꽉 들어차서 개나 소나 천당으로 불려 들어갔습니다. 그 결과 지금은 천당이 완전히 망가져 웬만한 사람들은 차라리 연옥으로 가겠다고 진정서를 내고 있다는 후문입니다.


일반적으로 많이 배우고 경험이 많은 사람이 빠지기 쉬운 함정은 다른 사람들의 단점이 잘 보인다는 것입니다. 눈에 보이니 못

마땅하고, 고쳐주고 싶어서 이런저런 조언을 하게 됩니다. 하지만 정작 자신의 문제는 보지 못하지요.

우선 자신에게도 문제가 있음을 인정해야 합니다. 그래야 다른 사람들에게 좀 더 관대할 수 있습니다. 자신에게는 아무런 문제가 없다고 생각할 때, 다른 사람들의 단점이나 실수에 대해 이해하거나 용서하기가 어려운 것입니다. 그리고 그런 사람들은 '성격장애인' 소리를 듣기 십상입니다. 그렇다고 해서 자신의 문제에 가혹한 평가를 하면 안 됩니다. 내 문제에 가혹하면 나와 같은 문제를 가진 사람에게도 가혹한 평가를 하게 됩니다. 그래서 영성심리학이 다른 사람을 이해하려면 먼저 자기 자신을 이해해야 한다고 말하는 것이지요.

사실 다른 사람에 대해 긍정적으로 착각하고 사는 것이 한편으로는 가장 행복해지는 방법이고, 사람들과 원만한 관계를 맺는 방법이기도 합니다. 사람은 누구나 착각하고 사는 존재입니다. 긍정적인 착각 속에 살 때, 즉 눈에 콩깍지가 씌어 살 때 오히려 행복지수가 가장 높다고 합니다. 반면 다른 사람들의 단점을 일일이 찾아내며 살 때는 찾아낸 수만큼 마음이 불만으로 채워지고 불행해집니다.

다른 사람의 단점을 찾고 고치려 드는 것은 남을 통제하고 지배하고픈 욕구에서 비롯된 경우가 많습니다. 미사 통상문의 '내 탓이요'라는 문구는 바로 이에 대한 경고입니다.

우선 내 문제가 무엇인지부터 보아야 합니다. 내 문제를 냉철하게 들여다보고 스스로 고치려 할 때 주변 사람들은 비로소 편안함을 느끼고, 다가오고, 충고를 구할 것입니다. 여럿 가운데 아주 쉬운 방법 하나가 친절입니다. 친절을 베풀면 상대방을 기분 좋게 해줄 뿐만 아니라 자기만족도 커집니다.

친절에 대해 영성가들은 이렇게 말합니다.

"다른 사람을 위해 선의를 행하는 것은 동시에 자신을 치유하는 것이다. 기쁨이라는 약은 영혼을 치유하는 것이기 때문이다. 이는 모든 장벽을 넘어서는 것이다."

남의 단점만 물고 늘어지면 사람들이 도망가지만, 친절은 꽃향기와 같아서 사람들이 모여듭니다.

# 미련하게
# 살지 마세요

지방의 어느 노인복지 시설에 아주 유명한 할머니가 한 분 있습니다. 지병으로 늘 누워 있는데도 얼굴이 환하고, 찾아오는 손님들도 적지 않습니다. 할머니를 위로하러 와서는 오히려 위로받고 가는 손님이 많아지면서, 인생살이가 고달픈 사람들이 할머니를 찾아오기 시작한 것입니다. 하지만 할머니도 이 일을 겪기 전까지는 자신이 가지고 있지 못한 것, 잃어버린 것을 늘 애통해하며 살았습니다. 사람들의 위로를 아무리 받아도 달라지지 않아 힘들었습니다. 그러던 어느 날이었습니다. 어떤 방문객이 신세 한탄을 늘어놓는 할머니에게 대놓고 면박을 주었습니다.

"그렇게 징징거리고 살 거면 차라리 죽지 왜 사세요?"

이 말을 들은 할머니는 화가 단단히 나서 고래고래 소리를 질렸습니다.

"그래, 나도 죽고 너도 죽자!"

한참을 그렇게 분이 나서 소리를 질러대던 할머니에게 무언가 푹 들어오는 생각이 있었습니다.

'그래, 걔 말이 맞다. 이런다고 달라질 것이 무언가?' 하고는 자신이 가진 것에 감사하는 긍정적인 마음을 가지려고 무던히 애를 썼습니다.

이렇게 해서 그분은 징징이 할머니가 아니라 사지 멀쩡한 고달픈 인생들에 힘을 주는 상담가 할머니가 되었답니다.


우리는 자신이 가지고 있는 것의 소중함을 잘 모릅니다. 가지지 못한 것, 잃어버린 것에 집착하느라 이미 가지고 있는 것조차 놓치곤 합니다. 살아오면서 실패나 상실의 경험이 거의 없는 사람이라면 무언가를 잃었을 때 더욱 힘들어합니다. 그것이 건강이든 명예든 사랑이든……. 우리는 주님의 뜻이 우리에게 이루어지길 바란다고 기도하지만, 속마음으로는 주님이 내 뜻대로 움직여 주시길 바랍니다. 인생은 언제나 내 뜻대로 되어야 한다고 생각하고, 실제로 자신의 인생이 뜻대로 되어 간다고 착각하며 살기도 합니다. 그런데 이런 우리는 잃어버린 것들에서 미련을 거두지 못

하면서 아주 작은 걸림돌 하나에도 허우적대며 살아갑니다.

우리는 종종 사람을 평가할 때 '영리한' 혹은 '미련한'이라는 표현을 쓰는데, 미련한 사람은 어떤 사람인지 아세요? 바로 미련이 많은 사람을 두고 하는 말입니다. 왜냐하면, 어리석게도 이미 되돌릴 수 없는 것, 이미 지나가 버린 것에 마음이 묶여서 앞으로 자신이 살아가야 할 시간을 낭비하고 있기 때문입니다. '타임 랩(time wrap, 시간 왜곡 게임)'을 벌이고 있는 것이지요.

이렇게 미련을 버릴 수 없을 때는 먼저 스스로 물어봐야 합니다. '지금 내가 코를 박고 고민하는 이 일이 1년 후에도 과연 중요할까? 혹은 10년 후에도 중요할까? 내 건강과 시간과 에너지를 다 소모할 정도로 고민할 만한 주제인가?'

이 질문에 답을 하다 보면 정신이 웬만큼 있는 사람이라면 마음을 추스를 수 있습니다.

두 번째, 잃어버린 것에만 생각을 두지 말고 이미 가진 것에 마음을 두는 방법입니다. 사람이든 물건이든 그것이 무엇이든 잃어버린 것에 대해 너무 오랫동안 애착하게 되면 상실감과 좌절감에 빠져 자신이 지금 가지고 있는 것들을 보지 못하게 됩니다. 이처럼 자기가 가진 것에 관심을 두지 않으면 그것들마저 자신을 떠나는 악순환이 거듭됩니다. 그래서 현재 가진 것에 감사하는 마음을 가져야 합니다.

마지막으로, 내가 가진 것들 가운데 영원히 나와 함께할 것은 아무것도 없다는 사실을 깨달아야 합니다. 우리가 무엇인가에 그처럼 애달아서 집착하는 것은 그 대상이 언제까지나 우리 곁에 있을 것이라는 생각에서 비롯됩니다. 나를 화나게 하는 것들, 우울하게 하는 것들은 나를 기쁘게 하고, 행복하게 하는 것들과 마찬가지로 언젠가는 내 곁을 떠나게 마련입니다. 이를 묵상하는 시간을 자주 갖는다면 미련 때문에 힘들어하며 '미련한 사람'이라는 소리를 듣는 일은 없을 것입니다.

교회에서 사순절, 재의 수요일에 이마에 재를 바르지요? 이는 우리가 흙에서 왔으니 흙으로 돌아간다는 것을 알게 해주는 것으로서 미련을 줄이기 위한 심리적 처방입니다. 기도하거나 위령성월에 묘지를 찾아 묵상하는 것이 모두 이러한 처방의 유형입니다. 단, 이러한 방법들은 지나치게 자주 사용하면 염세주의나 허무주의에 빠질 위험이 있으니 조심해야 합니다. 어쩔 수 없는 일, 해결되지 않는 일에는 미련을 버리십시오. 그것이 건강을 해치지 않는 방법입니다.

# 2장

:

## '가족' 챙기기

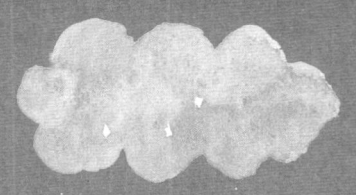

최고의 가정을 만들고 싶다면?

이혼 훈련?

'거짓 나'로 사는 남편

지나친 의존성의 부작용

착한 아이 콤플렉스의 남편

성격 차이가 이혼 사유?

자녀에게 가장 큰 선물은 부모 자신

자식 기르는 괴로움을 줄이는 방법

아들이 여자친구에게 휘둘리고 있다면?

가족이 스트레스 대상이라면?

갈등하는 아버지와 아들의 화해 방법

슬픔이라는 감정 처리법

엄마의 구순 공격적 성향

남자라도 힘들면 엄살 부리세요

환경성 급성 정신질환 '자살'

걱정 불안 처리 방법

매력적으로 보이는 경계 선 성격장애

시어머니에게 의존하는 남편

# 최고의 가정을
# 만들고 싶다면?

한 노부부가 있었습니다. 할아버지가 젊은 시절 열심히 살아 한 재산 모은 터라 할머니는 명품을 두르고 다녀 주위 사람들의 부러움을 샀습니다. 그런데 어느 날 동창 모임에서 돌아온 할머니 표정이 몹시 우울했습니다. 궁금한 할아버지가 물었습니다.

"동창 중에 당신보다 더 잘사는 사람이 있나?"

할머니는 고개를 저었습니다. 할아버지는 더 궁금해져서 답을 재촉했습니다. 그러자 할머니가 이렇게 말하더랍니다.

"내 친구 중에 영감이 살아 있는 건 나뿐이더라."

가정은 참으로 중요한 자리입니다. 가정은 인류 문명의 근원지이자, 인류 범죄의 근원지이기도 하지요. 그래서 옛사람들은 나라를 다스리기 전에 우선 가정을 잘 이끌어야 한다고 했습니다. 가정이 편하지 못하면 바깥일을 잘할 수 없고, 바깥일을 아무리 잘해도 가정사가 편치 못하면 인정받기 어렵기 때문입니다.

그렇다면 최고의 가정과 최악의 가정은 어떤 가정일까요?

최고의 가정은 말할 것도 없이 가족이 서로 그리워하고 보듬어 주는 가정입니다. 하지만 최악의 가정은 서로서로 너무나 미워해서 가족 간에 서로 언제 죽나 하고 기다리기까지 하는데 끔찍하게도 부모가 죽기를 바라는 자녀나 배우자가 죽기를 바라는 아내(남편) 이야기를 들을 때도 있습니다. 그런 경우는 더욱 최악의 가정입니다.

물론 우리는 모두 최고의 가정을 소망합니다. 결혼을 앞둔 젊은이들은 말할 것도 없이 서로 사랑하며 화목하고 행복한 미래를 상상합니다. 교회에서는 이런 가정의 표상인 성가정을 본받으라고 권합니다. 그러나 현실에서는 성가정까지는 아니더라도 건강한 가정, 화목한 가정을 만들기도 쉬운 일이 아닙니다. 그래서 최악의 경우만 면해도 괜찮은 가정이라는 소리를 듣습니다. 실제로 중간만 가도 훌륭한 가정입니다.

모두가 원하는 좋은 가정을 만들기 위해서 우리는 어떻게 해야 할까요?

심리학자 리처드 칼슨Richard Carlson은 이렇게 조언합니다.

"마음을 편하게 하고 건망증 환자가 되어보라. 그래서 당신을 괴롭히는 모든 좋지 않은 기억을 잊어보라. 그 순간부터 세상과 당신 앞의 풍경이 확 달라질 것이다."

가정이란 가족 개개인의 역사가 공존하는 아주 복잡한 감정의 집합체입니다. 가족 구성원마다 각자의 콤플렉스가 있다 보니 서로 알게 모르게 상처를 주고받으며 함께 살아가는 공동체이기에 기본적으로 편안치 않습니다.

이런 가정이란 공동체를 평안하게 만들려면 가족 구성원 각자가 상대방에게서 받은 상처를 잘 잊는 건망증을 앓고 살 필요가 있습니다. 만약 누군가 상처를 잊지 않고 물귀신처럼 물고 늘어진다면 그 어떤 가정도 결코 화목한 가정이 될 수 없습니다.

어떤 자매가 부부싸움을 심하게 한 후 마음이 너무 울적해서 친구들을 찾아 나섰습니다. 친구들을 만나서는 그날 일뿐만 아니라 과거에 있었던 억울한 사연까지 일일이 들추어내면서 분통을 터뜨렸습니다. 그렇게 한참 열변을 토하다 옆에 있는 친구를 보았는데, 아주 편안한 얼굴로 앉아 있는 것입니다. 그 집 남편은 성격 안 좋기로 소문이 자자하고, 자기 남편보다 더하면 더했지 덜하진 않은 사람인데 말이지요. 그래서 자매가 물었습니다.

"넌 어쩜 그렇게 얼굴이 편안하니? 마음이 괴롭지도 않아?"

그 친구가 미소를 지으며 대답했습니다.

"괴로운 일은 생각할수록 괴로우니까 잊어버려야 해. 괴로운 일을 다시 생각하는 건 그 일을 두 번 당하는 꼴이거든."

맞습니다. 잊는 것이 상책이지요.

그래도 잊지 못할 때는 어떻게 해야 할까요?

우리가 괴로운 것은 다른 사람이 내게 준 상처만 기억해서입니다. 그런데 가정이건 직장이건 나 혼자만 일방적으로 상처 입고 괴로움을 당하는 경우는 그리 많지 않습니다. 우리는 모두 마음속에 문제를 안고 살아가는 문제 덩어리라서, 마치 고슴도치처럼 가까이 갈수록 서로를 찔러대는 존재이기 때문입니다.

다른 사람이 준 상처가 자꾸 기억이 나거든 일단 덮어버리고 내가 가진 문제, 내가 다른 가족들에게 준 상처가 무엇인지 먼저 생각해봐야 합니다. 그렇게 다른 가족들이 내 문제를 많이 참아주었구나 하는 마음이 들어야 비로소 내가 입은 상처에 연연해하는 자기애적 성격장애 증상을 막을 수 있고, 가정을 편안하게 만드는 주체가 다른 사람이 아닌 바로 나 자신임을 깨닫게 됩니다.

# 이혼 훈련?

하느님께서 열심히 일한 열두 사도에게 이만하면 되었다 싶어 쉬고 싶은 사람은 은퇴해도 된다고 말씀하셨습니다. 워낙 약골인 사도 요한이 제일 먼저 나서서 은퇴하겠다고 말했습니다. 대신 일할 사람까지 천거했는데 사도 요한 자신과는 전혀 다른, '상남자'라는 별명을 가진 사람이었습니다. 주님께서는 성격이 정반대인 사람도 괜찮겠다 싶어 허락하셨습니다.

그렇게 새 제자가 들어왔는데 한 달도 채 되지 않아 제자단에서 삐걱거리는 소리가 들렸습니다. 급기야 열한 제자 모두 상남자를 치워달라는 탄원서를 올렸습니다. 이유인즉 제자들이 조금 구시렁거리기라도 하면 '거 사내가 되어서 뭐하는 겁니까?" 하면서 상남자질을 해서 부아를 돋운다는 것이었습니다.

이에 주님께서 새 제자를 불러 타이르셨습니다.

"다른 제자들과 각을 세우지 말고 잘 지내라."

새 제자가 가자미눈을 뜨며 대꾸했습니다.

"주님께서 그렇게 물렁물렁하시니 아랫것들도 그러는 거 아닙니까?"

기분이 상하신 주님께서 말씀하셨습니다.

"네가 네 무덤을 판다 이거지. 그래, 나 물이다. 너 물맛 좀 봐라. 지금부터 너를 천당 교도소장으로 임명할 테니 거기서 상남자질을 하거라."

의기양양한 상남자, 새 부임지로 가보니 그 큰 교도소에 죄수는커녕 쥐새끼 한 마리도 보이지 않았습니다. 잘난 체하는 맛으로 살아온 이 상남자, 아무도 없는 곳에서 심심하게 살다가 그만 우울증에 걸리고 말았더랍니다.


배우자가 비난을 일삼고 폭언을 한다든지, 너무 가부장적이라든지, 반대로 가장으로서 책임을 소홀히 한다든지, 애정 표현을 하지 않고 외롭게 만든다든지, 외도를 한다든지, 경제권을 주지 않는다든지 수많은 이유로 이혼을 생각하는 자매님들이 많습니다. 분노와 원망으로 부부생활 자체가 견디기 힘들지만, 막상 이혼 후의 삶이 두려워서 참고 사는 자매님들이 적지 않습니다. 물론 이혼 후 여러 가지 어려움을 예상하고 감정을 절제할 필요는 있지만, 그 두려움에 눌려 살다가는 상황을 악화시킬 수도 있습니다. 즉, 주눅 든 말과 행동을 하게 되어 불이익을 당하거나 배우자로부터 더욱 무시당할 소지가 있다는 것입니다.

배우자와 헤어졌을 때를 상상하면서 그때 느끼게 될 감정들을 자세하게 써보거나 말로 표현하면서 두려움을 덜어내는 훈련을 해야 합니다. 이처럼 이혼 훈련을 하다 보면 오히려 배우자에 대한 두려움이 없어집니다.

기도 중에 주님이나 성모님께 마음속의 불안함을 토로하고, 도움을 청하고, 그분들이 나를 따뜻하게 안아주는 묵상 시간을 갖는 것도 큰 도움이 됩니다. 또한, 성경 묵상도 큰 도움이 되는데, 이때 한 가지 유념할 것은 성경 속에 있는 말씀 중 '잘못한 것에 대하여 질책'하시는 말씀들은 보지 말고 병자들을 위로해주시기 위해서 하신 따뜻한 말씀들을 집중적으로 묵상하는 것이 좋습니다. 그래서 마음에 드는 성경 글귀를 잘 메모해두었다가 마음이 힘들 때마다 가만히 앉아 다시금 생각하거나 조용히 읊조리는 시간을 가지면 마음의 안정감, 자존감을 회복하는 데 큰 도움이 될 것입니다.

부부 문제는 혼자 해결하기엔 버겁습니다. 그러므로 전문 상담가를 찾는 것이 가장 좋은데 그렇다고 집에서 혼자 할 수 있는 방법이 전혀 없는 것은 아닙니다. 우선 배우자와의 관계에 관해 숙고하는 시간을 가질 필요가 있습니다. 배우자에 대한 감정이나 생각을 언어화하는 훈련을 하는 것이 중요합니다. 배우자의 사진을 보면서 편지를 쓰거나 대화를 하세요. 자기 생각을 표현하는 것이 서툰 사람일수록 이런 훈련이 필요합니다. 그렇게 하다 보면 자신의 욕구와 자아가 보이기 시작할 것입니다.

또한, 배우자와 하루에 5분만이라도 논쟁 없이 대화하는 시간을 갖도록 합니다. 대화의 주제를 미리 정하고, 기분 좋은 대화를 유도하는 것이 중요합니다. 의사소통 훈련을 하는 것이니 미리 배우자에게도 설명하고 도움을 청하는 게 좋습니다.

또한, 부부가 같이 유익하고 즐겁게 지낼 수 있는 무엇인가가 필요합니다. 놀이든 무엇이든 함께 시간을 보낼 수 있는 일을 만드는 것입니다. 바둑이나 장기를 두거나 함께 조깅을 해도 좋고, 봉사활동이나 다른 사회활동에 참여해도 좋습니다. 가능하다면 우리 교회에서 하는 M.E 프로그램에 참여하면 가장 바람직하지요.

또한, 내가 어떤 행동을 했을 때 배우자가 불편해하는지 목록을 만들어보는 것도 좋습니다. '사는 게 다 그런 거지' 하는 식으로 대충 넘어가지 말고 자세한 목록을 만들어야 합니다. 그리고 어떻게 했을 때 배우자가 좋아하는지 목록을 자세히 만듭니다. 목록을 다 만든 후에는 배우자를 불편하게 하는 행동을 할 때의 내 생각과 감정을 그 옆에 써놓습니다. 그리고 그 가운데 당장 고칠 수 있는 행동, 시간이 걸릴 것 같은 행동, 도무지 고치기 어려운 행동도 목록으로 정리합니다.

이런 행동 패턴이 언제부터 생겼는지 자신을 탐색할 필요가 있습니다. 대개 자신의 과거를 돌아보면 그런 행동을 하게 된 동기가 보입니다. 그 원인이 사람이든 사건이든 그때 그럴 수밖에 없었던 자기 자신을 위로하는 시간을 가져야 합니다. 비난하거나 질책하지 말고, 어린 시절 누구도 돌보아주지 않았던 그 시절에 외롭게 자신의 삶을 만들어야 했던 어린 자아를 위로해주어야 마음속 응어리가 풀리고, 지금 내가 하는 원치 않는 행동도 그만두게 될 것입니다.

# '거짓 나'로 사는
# 남편

예수님께서 십자가에 못 박히실 때 우측에 같이 있던 도둑을 천당에 들이신 이후로 도둑 출신들이 계속 천당에 들어와 천당 치안이 문란해지기 시작했습니다. 불러들인 놈들을 다시 천당 밖으로 쫓아낼 수도 없고, 그냥 두자니 머리가 아프고, 예수님은 골머리를 앓으셨습니다. 보다 못한 베드로 사도는 유명한 상담가 한 명을 불러서 예수님을 상담해드리라고 명했습니다.

그날 저녁이었습니다. 예수님이 대로하셔서 베드로 사도를 불러 호통을 치셨습니다.

"어디 상담가가 없어서 그런 놈을 데려왔냐!"

"무슨 일이 있으셨습니까?"

"글쎄 그놈이 내가 골치 아픈 일을 털어놓으니까 한다는 소리가 '그거 다 주님이 선택해서 일어난 일들인데 누구를 원망하겠습니까? 자신의 무능함과 우유부단함을 탓하셔야지' 하면서 가뜩이나 아픈 머리 뚜껑 열리는 소리를 하지 않냐."

베드로 사도가 고심 끝에 이번에는 남의 말에 공감 잘해주는 상담가를 주님께 보내드렸습니다. 하지만 예수님은 아주 짜증이 난 얼굴로 다시 베드로 사도를 부르셨습니다.

"넌 어떻게 이상한 놈들만 보내는 거냐? 지난번 놈은 함부로 떠들더니 이번 놈은 '응, 응' 하면서 똥 싸는 소리만 해대니 짜증나서 죽을 뻔했다."

그 뒤로 상담가 출신들이 예수님 근처에도 못 간다는 믿거나 말거나 한 이야기입니다.


많은 여성이 아버지 같은 남자와는 절대로 결혼하지 않겠다고 생각하고 정반대되는 특성을 가진 남자를 선택하곤 합니다. 이렇게 결혼을 한 자매가 있었습니다. 아버지와는 달리 청하는 것은 무엇이나 들어주고, 사람들에게 늘 호의를 베푸는 모습이 좋아 한눈에 반해서 결혼했는데, 결혼하고 나니 남편은 의외의 모습을 보였습니다.

그렇게 좋은 사람인데도 대화를 나눌 친구가 없고, 어떤 문제가 생기면 말을 하지 않고 혼자 끙끙 앓는 것입니다. 그리고 남들이 자기를 어떻게 보는가에 대해서는 아주 민감했습니다. 또한 다른 사람들에 관한 이야기를 많이 하지만, 정작 본인의 인생 계획이나 비전에 관해서는 말하지 않았습니다.

이 자매의 남편은 자신이 원하는 삶이 아니라 다른 사람들이 원하는 삶을 살아온 것이 문제였습니다. 영성 심리학에서는 이런 유형의 삶에 대해 '진짜 나'와 '가짜 나'의 삶이라고 구분합니다.

옛날 부모들이 자기 자식들이 마음대로 하려 하면 화가 나서 했던 말이 있지요?

"에라, 이놈아. 너 꼴리는 대로 살아라."

이 말이 사실 정답입니다. 여기서 '꼴리는 대로 산다'는 것, 즉 자기 생긴 대로 산다는 것은 자기 욕구를 따라서 산다는 것을 의미하고 이렇게 사는 것이 '진짜 나'가 사는 삶입니다.

내 욕구를 인정받고, 내가 원하는 것을 표현하고 요구할 줄 알며, 누군가가 부당한 요구를 할 때 단호하게 거절하거나 화를 낼 줄 알아야 건강한 삶을 살 수 있습니다. 그러나 너무나 많은 사람이 남들이 원하는 삶을 마치 자신이 원하는 삶인 것처럼 착각하고 살아갑니다.

이렇게 남들이 원하는 것에 대해 민감하게 반응하고 그것에 맞춰 살려고 하면, 진정한 자아를 찾지 못하는 것은 물론이고 자아가 좋지 않은 모습으로 변할 수도 있습니다. 즉, '거짓 나'가 만들어져서 신경증적인 증세를 안고 살아야 합니다.

'거짓 나'의 삶을 살면 구체적으로 어떤 문제들이 생길까요?

그런 사람들은 항상 누가 옆에 있어야 합니다. 어린이 방송 〈혼자서도 잘해요〉는 무엇이든 엄마나 아빠가 해주어야만 하는 아이들이 점점 혼자 할 수 있는 아이로 바뀌어 가는 과정을 담은 프로그램입니다. 여기에서도 볼 수 있듯이 '가짜 나'로 사는 아이는 혼자 있지도, 혼자 무얼 하지도 못합니다. 어른도 마찬가지입니다. 이들에게는 항상 다른 누군가가 옆에 있어주어야 합니다. 사랑하는 사람이 없으면 미워하는 사람이라도 있어야 합니다. 그래서 남의 관심을 끌기 위해 아주 특이한 행동을 하거나 혹은 별난 옷이나 장신구를 하고 다닙니다. 관심을 구걸하는 것입니다. 그래서 이런 사람들을 '심리적인 걸인'이라고 부르기도 합니다.

이렇게 이들은 다른 사람들을 원하면서도 진정한 관계를 맺는 데 서툽니다. 다른 사람은 그 자신의 욕구를 충족시켜 주는 대상일 뿐 그 이상도 그 이하도 아니기에 의미 있는 관계를 만들 수 없게 됩니다. 그러므로 그들의 마음에서 공허하고 쓸쓸한 느낌이 사라지지 않는 것은 당연하지요.

또한, 균형 있는 삶을 살지 못하고, 인생을 길게 보지 못합니다. 그래서 그들은 자기 인생, 자기 앞날에 관한 이야기는 못하고 늘 다른 사람들에 관한 이야기로 대화를 메웁니다. 머릿속에 자기 인생은 없고 다른 사람의 인생만이 가득하다는 것을 의미합니다. 즉, 사람에 굶주려서 다른 사람이 나를 어떻게 생각하는가에 예민하게 반응하고, 다른 사람의 관심을 잃지 않기 위해 그의 생각에 맞추어 거짓 나로 살아갑니다.

물론 '거짓 나'로 사는 것과 사회적인 역할을 하는 것은 다릅니다. 맡은 일을 잘하기 위해 어떤 역할을 해내는 것과 통째로 다른 사람이 원하는 삶으로 바뀌어 사는 것은 전혀 경우가 다릅니다. 사실 '거짓 나'는 적응과 생존을 위해서 필요한 나입니다. '진짜 나'는 내적 성장을 위한 나이고요. 하느님이 만들어주신 나의 참 모습을 찾아가는 작업을 게을리하면 자칫 '거짓 나'의 힘이 세져서 '진짜 나'를 압도하게 되고, 내적 성장이 불가능해질 수 있습니다.

## 지나친 의존성의 부작용

세상을 떠나 오랫동안 산에서 수도생활을 한 수도자가 죽어서 천당 길을 가는데 어찌 된 일인지 천당 문 앞에 이르는 골목길이 그야말로 도떼기시장이었습니다.

"아니, 천당 문 앞이면 적어도 깔끔하고 정갈해야지. 이게 무슨 북새통이란 말인가?"

그런데 저녁이 되자 그렇게 북새통을 이루던 사람들이 모두 천당 안으로 우르르 들어가는 것입니다. 당황스럽기도 하고 화가 나기도 한 수도자는 베드로 사도에게 따졌습니다.

"무슨 천당이 이리도 개판입니까."

그러자 베드로 사도가 손가락으로 입을 가렸습니다.

"쉿, 조용히 말하시게. 세상살이하면서 하느님을 바라보고 사느라 제대로 먹지도 놀지도 못했다는 사람들이 천당에 와서는 스토커처럼 하느님만 따라다니고 이거 해달라 저거 해달라 하도 징징대는 바람에 하느님께서 그것들을 떼어놓으시려고 하는 수 없이 천당 문 앞을 먹자골목으로 만드신 거라네. 자네가 지랄하면 그것들이 뭔 짓을 할지 모르니 자네는 조용히 기도만 하시게."

그런데 매일 기도만 하던 그 수도자도 세상살이에 억울한 생각이 들어서 어느 날부터 담을 넘기 시작했다는 믿거나 말거나 한 이야기입니다.

이거 해달라, 저거 해달라 요구하다가 조금이라도 귀찮아하는 기색을 보이면 '당신만 바라보고 사는데 왜 자기 마음을 몰라주냐'고 서운해하는 사람들이 있습니다. 의존성이 지나쳐서 그렇습니다.

인간은 사회적 동물입니다. 이는 바로 의존적 존재라는 의미입니다. 사람 '인(人)' 자가 서로 기대어 있는 모습인 것 역시 사람의 기본적인 특성이 의존적이라는 사실을 상징적으로 표현한 것입니다. 의존성은 인생을 살아가는 데 필수 요소이기도 합니다. 만약 누군가에게 의존성이 전혀 없다면 어떤 일이 생길까요?

"세상에 나보다 잘난 놈 있으면 나와 보라 그래" 하면서 무슨 일이고 상의도 없이 될을 벌이다가 사고를 저지르는 고집불통이 되고 말 것입니다.

하지만 의존성이 지나치면 부작용이 생긴다는 것이 문제입니다. 영국 심리학자 한스 아이젠크 Hans Eysenck 는 10년 동안 4천여 명을 대상으로 성격과 질병 사이의 관계를 연구했습니다. 그 결과 자율성이 낮은 사람, 의존성이 강한 사람들은 스트레스를 많이 받아서 질병, 특히 암에 잘 걸린다는 사실을 발견했습니다. 왜 그럴까요?

누군가에게 지나치게 의존하는 사람은 의존할 상대방을 이상적인 인물로 만들고 싶어 합니다. 그래서 그에게 이렇게 저렇게 해주었으면 좋겠다는 희망 사항을 계속 요구합니다. 그런데 그 이상적인 상대방 역시 그와 비슷한 사람이라는 게 문제입니다. 이상이 아니라 현실 속의 사람인 상대방에 대해 의존성이 강한 사람은 현실적인 여건은 무시한 채 자기 뜻대로 응해주지 않는 것은 더는 자신을 사랑하지 않기 때문이라고 단정해 버립니다. 그러고는 속상해서 자신을 들볶아댑니다.

이를 심리학에서는 '점착성 성격'이라고 부르기도 합니다. 상대방에게 찰싹 달라붙어서 나와 너 사이의 경계가 없는 것이지요. 이런 관계는 병적이어서 쉽게 지치고, 쉽게 질병에 걸릴 수밖에 없습니다. 이런 사람들은 그래서 시도 때도 없이 설사하는 과민대장증후군에 잘 걸리고, 암에도 잘 걸립니다.

그렇다면 어떻게 해야 이런 사람들이 건강한 삶을 살 수 있을까요?

미국의 알츠하이머병 전문가인 데이비드 스노우던David Snowdon은 100세가 넘은 수도자들이 일곱 명이나 되는 미네소타의 만카토 수녀원을 관찰했습니다. 그 결과, 그들의 장수 비법은 두 가지였다고 합니다. 바로 노동과 명상입니다. 이곳 수도자들은 쉬는 사람 하나 없이 모두 바느질이건, 채소 키우기건 힘이 닿는 데까지 노동을 하면서 살고 있었습니다. 더 중요한 것은 명상시간을 자주 가지면서 중용의 태도를 유지하며 차분하게 공동체 생활을 하고 있었다는 것입니다. 특히 명상은 수도자들의 정신적인 건강에 결정적인 기능을 한 것으로 나타났습니다.

명상이 건강에 좋은 이유는 무엇일까요?

사람의 근육 신경계와 내분비계는 일종의 기억 기능이 있다고 합니다. 하루 동안 경험한 온갖 것들을 다 기억해서 밤이 되면 몸이나 마음을 아프게 하는데, 명상은 사람 몸에 저장된 좋지 않은 기억들을 씻어내는 데 아주 효과가 좋습니다.

명상하는 중에는 긴장 완화와 관련된 뇌파인 알파파와 잠을 잘 자게 해주는 호르몬인 멜라토닌이 증가해서 스트레스를 받을 때마다 발생하는 코르티솔과 아드레날린 수치를 낮춰줍니다. 그래서 걱정이 사라지고, 자신의 문제가 더 크게 보이지 않으며, 자신의 삶을 잘 통제하고 있다고 여기게 됩니다. 이렇게 심리적으로 안정감을 가지면 비로소 자신과 다른 사람과의 경계를 명확히 하고 의존적인 태도를 고칠 수 있습니다.

우리는 흔히 '일심동체'니 "모두 하나 되자"느니 하는 말을 하는데, 실제로 그런 관계는 병적인 관계입니다. 과도하게 의존적인 점착성 성격을 고치고, 너와 나 사이의 경계가 분명한 건강한 인간관계를 맺어야 마음이 힘들지 않습니다. 그러기 위해서는 명상을 자주 하는 것이 좋습니다.

# 착한 아이 콤플렉스의 남편

착하디착한 본당 신부가 속 썩는 일들이 줄줄이 생기자 참다 참다 그만 속병이 생기고 말았습니다. 너무나도 속상한 나머지 신부는 한밤중에 감실 앞에 무릎을 꿇고 기도했습니다.

"주님, 참을 '인' 자 셋이면 살인도 면한다고 해서 참고 또 참았는데 도대체 이게 뭡니까. 속병만 나고 달라진 건 하나도 없습니다."

그러자 주님께서 말씀하셨습니다.

"참는다고 능사가 아니니라. 비법을 하나 알려줄 테니 꼭 실천하거라. 네가 아침마다 산책하는 걸 좋아하니, 걸으면서 시부렁시부렁 욕을 해봐라."

"그러다 들키면 어떻게 합니까?"

"괜찮다. 내가 손을 다 써놓았느니라."

"그럼 주님 말 듣고 오늘부터 산책 욕질을 시작할까 합니다."

신부는 그동안 마음속에 쌓인 것들을 구시렁구시렁 뱉어내기 시작했습니다. 그런데 그런 신부를 바라보는 할머니들의 눈길에 예전보다 더 존경의 빛이 서렸습니다. 이유인즉슨 본당 신부가 방언을 한다고 소문이 났기 때문입니다.

어느 자매가 너무 착한 남편 때문에 고민이라고 했습니다. 늘 성경 말씀대로 살려고 하고, 부모를 보살피는 것도 다른 형제들을 제치고 무조건 자신이 하겠다고 나서고, 형님과 동업을 하면서 자기는 머슴처럼 일만 하면서 형님네 가족이 돈을 많이 써도 말 한마디 못한다고 합니다. 그러면서 정작 자기 가족들에게는 검소하게 살라고 잔소리를 하니 속이 터질 지경이라는 겁니다. 그런데 본가 일이라면 무슨 일이든 나서서 돕지만 형제들이 고마워하기는커녕 당연하게 여긴다고 합니다.

주님 보시기에 선한 남편인데 '왜 저렇게 바보같이 사나?' 하는 생각이 들어 자매는 마음이 편치 않습니다. 한편으로 그런 자신이 속물 같고 탐욕스러운 것 같아 성경 공부를 하면서 '난 행복하다. 저렇게 선한 사톡과 사는 것이 얼마나 행복한 일인가' 하면서 자신을 달래보았습니다. 하지만 시간이 지나면 다시 마음이 불편해지고, 그러다가 자신을 나쁜 여자로 만드는 남편이 미워서 속이 상했습니다.

이런 경우 그 남편은 착하다기보다 '착한 아이 콤플렉스'를 가졌을 가능성이 큽니다. 아마도 기가 센 형제들 사이에서 착하게 행동하지 않으면 안 되도록 성장했을 수도 있습니다. 이처럼 착한 아이 콤플렉스를 가진 이들은 오랫동안 다른 사람들의 욕구를 맞춰주는 삶을 살아왔기에 자신의 욕구가 무엇인지 모르는 경우가 허다하고, 그래서 자신의 욕구를 만족시켜 줄 삶을 살지 못합니다.

더 큰 문제는 위압적인 존재에게 착하디착한 양처럼 행동하면서 만만한 자기 가족들에게는 자신의 삶의 방식을 강요한다는 점입니다. 그럼 이 남편은 왜 이렇게 타인 지향적인 삶을 살게 되었을까요?

아이들에게 가장 중요한 것은 어른들, 즉 부모나 다른 어른들로부터 받는 관심입니다. 아이들에게 관심이란 심리적 필수 영양분이지요. 그런데 아이들이 관심을 받기 위한 방법은 성장 과정에서 각자 다양하게 터득합니다. 불행하게도 이 남편은 병적인 방법을 터득한 것이지요.

이런 콤플렉스를 가진 이들은 자기 돌봄, 자기 욕구 이해와 같은 심리 훈련이 필요한데 쉽지가 않습니다. 이미 오랫동안 몸에 밴 습관이라 고치기가 어렵습니다.

또 다른 사람들에게 싫은 소리를 못하고 혼자 끙끙 앓는 경우가 많아 마음속에 쌓인 것이 많습니다. 이렇게 심리적으로 해소가 안 되고 불편한 감정이 계속 쌓이면 나중에는 건강에도 적신호가 옵니다. 그래서 고쳐야 하는데, 다른 사람들에게 말하고 상의할 성격도 못되니 차라리 벽을 보고 이야기를 하는 훈련을 하는 것이 좋습니다.

**자신을 속상하게 한 사람들의 그림을 그려놓고, 거기다 대고 하고 싶은 이야기를 다 쏟아부어도 좋습니다. 속이 후련해질 뿐만 아니라 시간이 가면서 아닌 건 아니라고 말할 수 있는 내적인 힘도 생길 것입니다.**

한편 이런 남편을 보고 그 자매님의 마음이 답답하고 힘든 것은 지극히 정상적인 것입니다. 착한 남편이 형제들에게 착취당하는 것을 보면서 아무렇지도 않다면 그것이 문제지요. 그러나 속상해봤자 자신만 손해입니다. 아무리 노력해도 남편이 달라지지 않을 때는 포기하고, 자신의 인생을 만들어가는 데 시간과 노력을 기울여야 합니다. 그렇지 않으면 귀한 시간이 남편 생각하느라 날아가 버리고 남은 것 하나 없는 노년을 맞을 수도 있습니다.

## 성격 차이가
## 이혼 사유?

남편과의 성격 차이로 우울해하다가 이혼하고 혼자 살던 자매가 죽어서 천당에 당도했습니다. 주님 앞에 울며불며 전남편의 못된 점에 대해 쏟아놓는 자매를 불쌍히 여기신 주님께서는 마리아와 마르타가 사는 곳에 이 자매를 같이 살게 해주셨습니다. 성모님을 모시고 살던 마리아와 마르타는 자매를 위해 기꺼이 방 하나를 내주었습니다.

그런데 한 달쯤 지난 후 성모님께서 예수님을 호출하셨습니다.

"아니, 애를 보내려면 괜찮은 애를 보내야지, 왜 저런 정신 나간 애를 보냈냐."

성모님의 대성일갈에 주님은 크게 당황하셨습니다.

"무슨 일이 있으십니까?"

"자기가 우울증이라고 아무것도 안 하고 방 안에만 앉아 주는 밥만 먹는 것도 성질나는데, 마리아는 어떻고 마르타는 어떻고 험담을 하면서 자기하고는 안 맞는다고 하니 내가 어찌 참으란 말이냐. 그 애를 당장 내 집에서 데리고 나가거라."

주님께서는 하는 수 없이 그 자매를 위해 천당 계곡 깊은 곳에 암자를 하나 지어주고 혼자 살게 했습니다. 그 암자 이름이 '성 난 소'인데 '성격 차이 난다고 난리 치는 사람들이 모인 곳'이라는 뜻이랍니다.

예전보다 이혼율이 상당히 높아졌습니다. 심지어 헤어지면 못 산다며 커플티를 입고 요란을 떨던 아이들이 신혼여행을 다녀오자마자 헤어지겠다고 하는 경우까지 있으니 그 변덕을 감당해야 할 부모는 억장이 무너질 것입니다.

이렇게 변덕스러운 아이들이 한결같이 말하는 이혼 사유가 '성격 차이'라고 합니다. 그럼 이처럼 '성격 차이'가 이혼 사유가 될 수 있을까 생각해보겠습니다. 많은 사람이 부부는 일심동체, 마음과 몸이 하나여야 한다고 생각합니다. 그러나 정말 그럴까요? 살아본 이들은 알겠지만, 몸이 다르듯 마음도 다른 것이 부부입니다. 당연한 말이지만 살아온 환경, 즉 성장 과정이 다르고 유전자가 다르기에 당연히 부부는 성격이 다를 수밖에 없습니다.

같은 어미에서 태어난 강아지들이라고 모두 성격이 같습니까? 한 부모에게서 태어난 형제들이 다 같은 성격인가요? 그런 가족이 있다면 인간이 아니라 로봇일 것입니다. 가족도 성격이 다른데, 남남이 만난 부부가 성격이 같아야 한다고 생각한다면 난센스입니다.

그런데 왜 그렇게 줄기차게 성격 차이를 주장하면서 헤어지려고 할까요?

실은 성격이 달라서가 아니라 자기 마음을 몰라준다고, 자기 마음 같지 않다고 억지를 쓰는 것입니다. 어떤 배우자든 결혼 전에는 억지를 부리건 떼를 쓰건 간에 다 들어주려고 합니다. 결혼을 성사시키기 위해서 마음에도 없는 최선을 다하는 것입니다. 그러나 이런 관계는 오래가지 않습니다. 부부는 동등한 관계여야 하는데 일방적으로 희생을 강요당한다면 상대방이 거부할 수밖에 없습니다. 그런데도 미성숙한 아이처럼 결혼 전의 관계를 요구하다가 거절당하면 변심했다고 비난하다가 성격 차이가 심하니 헤어지겠다고 하면서 자신의 덜떨어짐을 상대방에게 전가하는 영악스러움을 보이는 것입니다.

부모 입장이라면 이런 경우 어떻게 해야 할까요?

그냥 내버려 두어야 합니다. 부부간의 싸움은 애들 싸움과 같아서 어른이 끼어들면 싸움이 더 커질 위험이 있고, 자칫 집안싸움으로 번져서 정말로 헤어지게 만들지도 모릅니다.

자녀가 나이 들면 성인 대접을 해주어야 합니다. 즉, 부모로부터 분리시키고 어른으로서의 삶을 살도록 두어야 합니다. 그러나 미성숙한 부모들은 자식을 품 안에 두고 싶은 무의식적 욕구 때문에 늘 걱정하면서 자식의 인생에 관여하고 싶어 합니다. 그러면 자식의 문제와 부모의 심리적 문제가 뒤엉켜서 해결의 실마리조차 찾지 못하게 되는 경우가 많습니다. 이렇게 부모와 자식 간의 관계가 얽혀 있으면 그 자식은 인간으로서 양육되는 것이 아니라 동물로 사육되는 것이나 다름없습니다. 아무 데나 일을 보는 강아지처럼 자기 마음대로 일을 저지르고 뒷감당은 부모에게 떠넘기는 삼류 인생이 되고 마는 것입니다.

아이가 어른이 되려면 본인이 선택하고 감수하는 과정을 반드시 겪어야 합니다. 자녀가 성격 차이로 이혼한다고 하면 스스로 선택하도록 맡겨 두십시오.

# 자녀에게 가장 큰 선물은
# 부모 자신

부모 속깨나 썩이던 청년이 죽어서 주님의 대궐에 오게 되었습니다. 이 청년은 생전에 그랬듯이 술에 취해 고래고래 소리를 질러 댔습니다.

"내가 뭘 잘못했나. 돈 없는 부모가 잘못이고, 불공평한 세상 탓이고, 기도해도 들어주지 않은 하느님이 잘못이지. 내가 뭘 잘못했냐고? 난 천당 아니면 아무 데도 안 갈란다."

한참 소리를 지르던 청년은 아예 땅바닥에 누워버렸습니다.

이 모습을 가만히 보시던 주님은 갑자기 십자가를 들더니 청년을 때리기 시작하셨습니다. 청년은 다시 고래고래 소리를 질렀습니다.

"사랑이고 자비이신 하느님이 사람을 개 패듯이 팬다!"

그러자 주님께서 소리치셨습니다.

"이놈이 아직도 정신 못 차리고 자기가 사람인 줄 안다. 이놈을 당장 개장에 가두어라!"

그렇게 부모 속을 썩이던 청년은 아직도 개장 안에 갇혀 있다고 합니다.

가정 방문을 하다 보면 가정마다 아이들이 자신의 부모를 대하는 태도가 다 다릅니다. 부모를 공경하는 아이가 있는가 하면, 부모를 자기 친구보다 쉽게 여기는 모습도 보곤 합니다. 왜일까요? '콩 심은 데 콩 나고 팥 심은 데 팥 난다'고 했습니다. 결국, 그 부모에 그 자식입니다.

평소에 부부가 서로를 무시하고 깔보는 집안에서 자란 아이들, 예를 들어 "너는 네 엄마(아빠) 닮지 마라" 같은 소리를 들으며 자란 아이들은 똑 닮지 말라는 것만 닮으면서 자랍니다. 어리석은 부모는 어리석은 자녀를, 현명한 부모는 현명한 자녀를, 이기적인 부모는 이기적인 자녀를 만듭니다. 그렇게 자녀는 부모 인생의 산물입니다.

간혹 부모는 별로인데 아이들은 괜찮다거나, 반대로 부모는 참 좋은 사람인데 아이들은 왜 저 모양인지 모르겠다고 하는 말을 듣습니다. 그렇습니다. 평판이 나쁜 사람이라도 자녀와의 관계는 건강할 수 있고, 아무리 사회적 지위가 높고 존경받는 사람이라도 자녀와의 관계에 문제가 있는 가정도 있습니다.

부모라면 누구나 자신의 자녀를 훌륭하게 키우고 싶어 하고, 자녀에게 좋은 것만을 주고 싶어 합니다. 그런데 사실 아이들에게 가장 좋은 선물은 부모 자신입니다. 배우자와 화목한 모습을 보여주는 것, 서로 대화하고 이해하며 존중하는 모습을 보여주는 것, 인생의 목표를 향해 함께 나아가는 모습을 보여주는 것이 가장 큰 선물이자 자녀를 건강하게 키우는 최선의 방법입니다.

상담하다 보면 자녀 때문에 마음 상한 이들을 많이 만납니다. 그리고 대개는 "어떻게 하면 아이를 변화시킬 수 있을까요?" 하고 묻습니다. 그런데 사람을 변화시킨다는 것은 참으로 어려운 일입니다. 말로는 되지 않습니다. 그래서 누군가를 변하게 하려면 진심으로 기도해주는 방법밖에 없는 듯합니다.

부모가 자신을 위해 기도하는 모습을 보고 참회하여 변화한 사람들의 예로 아오스딩 성인을 들 수 있습니다. 젊은 시절 방황하던 아오스딩 성인은 어느 날 늦게 귀가했다가 아들을 위해 기도하던 중 그대로 쓰러져 잠이 든 어머니 모니카 성녀의 모습을 보았습니다. 어머니의 기도가 방황하는 한 젊은이를 회개로 이끈 것입니다.

술로 유명한 화가 한희원 역시 어머니의 기도로 변화했습니다. 간밤에 진탕 마신 술에서 깨어났을 때, 그는 자신의 곁에서 한숨도 못 자고 기도하고 있는 어머니를 보고 그날로 술을 끊었습니다. 그렇게 그림에 전념해서 그는 큰 화가가 되었습니다.

이와는 반대로 이혼 직전까지 갈 만큼 관계가 악화된 부부가 자신들을 위해 기도하는 자녀의 모습을 보고 화해했다는 이야기도 들었습니다. 가족으로 인해 속이 상할 때는 그를 위해 기도하십시오. 많은 영성가들도 기도하는 모습을 보여주는 것이 중요하다고 가르치고 있습니다. 기도는 상대방에 대한 '큰 관심'이라는 선물이기 때문입니다.

무엇보다 부모는 마음이 즐거워야 합니다. 마음이 즐거우면 여유 있는 태도와 집중력이 생깁니다. 좋지 않은 기억이나 미래에 관련된 어두운 짐작으로 인해 마음이 흐려지지 않습니다. 우리 앞에 어떤 일이 놓여 있든 가장 좋은 방법으로 대처할 수 있게 됩니다. 마음이 즐거우면 새롭고 창조적인 생각이 떠오르고, 문제 해결도 쉬워 보입니다. 그럴 때 아이들도 건강해집니다.

그렇다면 어떻게 해야 마음을 즐겁게 가질 수 있을까요?

우선 짜증이나 노여움이 생겼을 때는 잠시 머리를 식히는 것이 좋습니다. 화가 나고 짜증이 난 상태는 자동차 엔진이 과열된 상태와 같습니다. 잠시라도 뒤틀린 생각을 떨쳐버리고, 싫은 것에 관해 이야기하지 말고, 좋아하는 것을 화제로 삼는 것이 좋습니다. 마음은 환경이나 외적 자극에 민감하기에 좋은 조건을 마련해주면 마치 어린아이처럼 화를 풀고 즐거운 감정을 느끼게 됩니다.

# 자식 기르는 괴로움을 줄이는 방법

허구한 날 말썽을 부리는 아들을 둔 어머니가 주님께 매일 기도를 바쳤습니다. 아들 때문에 속상해 죽을 지경이니 아들 좀 어떻게 해달라고요. 그러던 어느 날 말썽꾸러기 아들이 오토바이를 몰고 과속으로 달리다 교통사고로 죽었습니다.

어머니는 이제 죽은 아들의 영혼을 천당으로 보내달라고 기도하기 시작했습니다. 그런데 매일 밤 아들이 나타나서는 울상을 짓고 뭐라고 소리를 치는 것입니다. 도무지 무슨 소리인지 알아들을 수가 없어 어머니는 아들을 위해 더 열심히 기도했습니다.

그러다가 성탄절 날 밤, 다시 아들이 나타나 어머니에게 속삭이고는 다급히 사라졌습니다.

"엄마, 나를 위해 기도하지 말고 편히 쉬세요."

어머니는 하느님께 기도를 올려 아들의 말이 무슨 뜻인지 여쭈었습니다. 그러자 하느님께서 이렇게 말씀하시더랍니다.

"아들을 위해 간절하게 기도할 때마다 자매는 아들을 피눈물 속에 처박아버린다네. 그러니 이제 아들 위한 기도는 그만하고 자매 걱정이나 하소."

자식 잘되기를 바라는 것은 모든 부모의 마음입니다. 어긋나는 자식의 모습을 보는 것은 모든 부모에게 괴로운 일입니다. 이처럼 세상에서 가장 힘든 일은 자식을 낳고 기르는 일입니다. 이는 하느님도 인정하셨습니다. 자식 때문에 속상한 것은 부모의 숙명인 셈이지요. 그래도 괴로움을 줄일 방법이 있습니다. 바로 기대 목록을 만들어보는 것입니다. 돌잔치 때 어른들은 아이에게 물건을 집도록 합니다. 기대하는 마음 때문이지요. 아이가 돈을 잡으면 부자가 될 것이라 기대하고, 책을 잡으면 학자가 될 것이라고 기대하는 것입니다.

아이든 어른이든 다른 사람들로부터 기대를 받는다는 것은 참으로 기분 좋은 일이지만, 특히 아이들에게는 어른들의 기대가 성장에 절대적인 영향을 미칩니다.

프로이트는 자신이 대학자의 면모를 갖추게 된 데는 어머니의 기대가 매우 큰 영향을 미쳤다고 술회했습니다. 프로이트의 어머니 아말리아는 스물한 살에 자녀들이 있는 남자와 결혼해서 프로이트를 낳았고, "이 아이는 커서 세계적인 인물이 될 것이다"라는 어느 노파의 말을 흘려듣지 않았습니다. 노파의 말을 믿고 지극한 정성으로 아들을 뒷바라지해서 큰 학자로 만들었습니다.

그러니 자녀가 훌륭한 사람이 될 것이라고 얼마든지 기대해도 좋습니다. 물론 기대에 못 미친다고 자녀를 닦달해서는 안 됩니다. 기대하되 강요하지 말고 믿어주고 격려하는 것이 중요합니다. 기대치에 못 미친다고 속상해하는 것도 금물입니다. 부모는 부모대로 아이는 또 아이대로 큰 스트레스를 받습니다.

이럴 때는 기대 목록을 작성해보는 것이 좋습니다. 자식에게 기대하는 바를 자세히 적어보는 것입니다. 그런데 몇 가지 주의사항이 있습니다. 첫 번째, 합리적이냐 아니냐를 따지지 말고 단순하게 기록해야 합니다. 두 번째, 아무리 사소한 것이라도 머릿속에 떠오르는 것들은 전부 기록해야 합니다. 즉, 일상적인 습관부터 장기적인 목표에 이르기까지 자녀에게 거는 기대를 적나라하고 포괄적으로 적어야 합니다.

그리고 나서 각 항목을 점검합니다. '이 기대가 현실적인가?' '아이가 이를 충분히 감당할 수 있는가?' '아이의 성장에 도움이

되는가?' '혹시 아이의 성장을 막고 아이를 미숙하게 만들 가능성은 없는가?'

그런 다음 결과를 놓고 아이와 대화를 나누어봅니다. 이렇게 귀찮은 작업을 해야 하는 까닭은, 부모가 자녀에게 거는 기대치를 조절하는 일이 쉽지 않아서입니다. 그러나 이런 작업을 통해 **부모 자신의 기대와 자녀의 생각을 이해한다면, 한층 현실적인 기대 수준을 가질 수 있습니다. 그러면 자녀 때문에 속상한 일도 줄어듭니다.**

부모 자신의 문제를 보는 것도 필요합니다. 대인 관계란 외적 관계로 연장되는 내적 관계입니다. 여러 번 언급하지만, 예를 들면 자기 자신에게 잔소리가 심한 사람은 다른 사람에게도 잔소리가 심합니다. 내 안의 잔소리를 줄이는 것이 다른 사람에게 스트레스를 주지 않는 첫 번째 방법입니다.

마찬가지로 내가 나에게 거는 기대를 목록으로 작성하고 차례대로 점검해보는 것이 도움됩니다. 기꺼운 마음으로 할 수 있는 것만 남겨놓고, 부담스럽고 하기 힘든 것은 지워버리는 것입니다. 한 가지 유념할 것은, 니 안에서 "지우면 안 돼" 하는 소리가 들려도 무시하고 냉정하게 목록을 지워야 합니다. 그러면 마음의 무거운 짐이 줄어들고 자녀를 대하는 마음도 편안해질 것입니다.

# 아들이 여자친구에게 휘둘리고 있다면?

어떤 자매가 아들이 여자친구를 사귀어서 걱정이 아주 많습니다. 사귀는 여자친구의 남자친구가 하나둘이 아닌 데다가, 문자메시지를 보내도 며칠이고 답을 안 할 때도 있어서 아들 속을 썩이고, 아들이 전화나 문자를 자주 보내면 지겹다고 짜증 내기도 한다고 합니다. 그러다가 자기가 아쉬우면 사랑한다느니 하는 문자메시지를 보내서 아들의 마음을 다시 싱숭생숭하게 하고요. 아들이 여자친구에게 휘둘리는 것 같아 그 자매의 걱정이 이만저만이 아니었습니다.

결론부터 말해 그 여자친구는 자매의 아들을 사랑하지 않아 보입니다. 아마도 사랑이란 감정을 모르는 성격장애를 가졌을 가능성이 매우 큽니다. 성격장애 중에서도 자기애적 성격장애인 듯

합니다. 이런 유형의 사람들이 가지는 성격적 특징은, 우선 자신의 중요성에 대한 과장된 지각을 하고 있습니다. 근거가 될 만한 성공 실적이 없는데도 늘 최고로 인정받고 싶어 합니다. 끝이 없는 성공에 대한 공상과 권력, 아름답고 이상적인 사랑에 대한 공상에 자주 빠집니다. 예컨대, 자기가 어느 나라 왕자나 부잣집 청년과 결혼하는 공상을 하는 것입니다. 혹은 자신의 지금 처지는 그렇지 않지만 자기는 원래 부잣집 딸이었다고 생각하는데 이런 상상으로 때로는 사람들에게 거짓말을 하기도 합니다.

또한, 사람을 만날 때 심하게 차별을 합니다. 자신이 아주 특별한 사람이기에 상류층 사람들과만 어울려야 한다고 생각해서, 자신이 보기에 신분이 낮아 보이는 사람들은 노골적으로 무시하고 상대하지 않으려고 합니다. 어디를 가든지 특별대우를 받고 싶어 합니다. 그만한 대우를 받을 아무런 근거가 없음에도 불구하고 사람들이 자기 앞에서 쩔쩔매고 대우해줄 것을 기대합니다. 그래서 오만무도, 재수 없는 사람이라는 욕을 자주 먹는데 전혀 그런 것을 감지하지 못합니다.

이 성격장애가 가져오는 가장 큰 문제는 착취적인 대인 관계입니다. 쓰면 뱉고 달면 삼키는 식으로 이들은 자기에게 필요한 사람에게는 간이라도 빼줄 듯이 굴었다가 별 가치가 없다고 여겨지면 가차 없이 관계를 끊어버립니다. 그렇게 이런 사람들에게 버림 받은 사람들은 자신이 왜 그런 지경에 처해야 하는지 이유를 알지 못합니다. 아무런 설명도 없이 어느 날 전화를 안 받거나 전화번호를 바꾸기 때문입니다. 이들은 자기 때문에 상대방이 얼마나 상처받는지 전혀 느끼지 못하기에 아주 쉽게 그런 짓을 저지르는 것입니다. 반면 누군가가 자신을 버리려고 하면 한사코 들러붙어 떨어지지 않으려 합니다. 상대방을 차버릴지언정, 차이는 자존심 상할 경험은 절대로 하지 않으려 하기 때문입니다. 한마디로, 아들 인생길에 전혀 도움이 안 되는 아주 재수 없는 여자친구입니다.

　이런 성격장애인들은 주위 사람들을 사랑이란 위장된 감정으로 유혹하고, 자기 욕구 충족을 위해 노예처럼 착취하는 병적인 관계 맺기를 잘합니다. 그 자매님 아들 인생에 전혀 도움이 되지 않는 아이이니, 더는 관계를 유지하지 말고 싹 잘라버리는 것이 좋을 것입니다. 대개 그런 성격장애인들은 자기가 강아지 취급하던 사람이 아무런 반응이 없으면 다시 건드리는 묘한 습성을 가지고 있는데, 그런 유혹에 넘어가면 또다시 상처받을 것입니다.

　그리고 자매님은 아들 문제에서 손을 떼는 게 좋습니다. 아들은 아들대로 자기 인생을 살아가면서 여러 가지 경험을 해야 하는데, 엄마가 자꾸 앞에서 간여하면 아들을 마마보이로 만들게 됩니다. 인간은 여러 가지 경험을 통해서 내적 성장을 합니다. 좋은 경험, 맛있는 경험뿐만 아니라 버림받는 경험, 상처받는 경험 등 다양한 경험들을 해야 합니다. 그래야 상처 난 곳이 아물고 여린 몸이 강인한 몸으로 바뀔 수 있지요. 그런데 가끔 부모님들이 안쓰러운 마음에 자식 인생에 너무 깊이 관여해서 자식들이 변변한 경험을 하지 못하게 해서 허여멀건 죽 같은 인생을 살게 하곤 합니다. 이런 경우는 그 여자친구보다 어머니인 자매님이 아들 인생에 걸림돌이 될 수 있다는 걸 명심하십시오.

# 가족이 스트레스
# 대상이라면?

어떤 부부가 함께 등산하고 있었습니다. 부인이 힘이 드는지 콧속에 약간 바람이 든 목소리로 남편에게 부탁했습니다.

"자기야, 나 좀 업어줄래?"

남편은 자기 혼자 걷기도 힘들었지만 남자 체면에 할 수 없이 부인을 업었습니다. 그렇게 땀을 뻘뻘 흘리며 올라가는 남편에게 부인이 콧소리로 물었습니다.

"여봉, 나 무거워?"

남편은 담담한 목소리로 대답했지요.

"당연히 무겁지! 머리는 돌이지, 뱃살은 두껍지, 얼굴엔 철판 깔았지, 게다가 간이 퉁퉁 부었으니 무거워도 한참 무겁지!"

부인은 자존심이 완전히 구겨져서 남편의 등에서 내려왔습니다.

부인을 내려놓고도 헉헉대며 산을 오르던 남편이 얼마 못 가 콧소리를 섞어 말했습니다.

"여봉! 나도 좀 업어줘."

부인은 기가 막혔지만 오기로 남편을 업었습니다. 그러자 남편이 말했습니다.

"그래도 나 생각보다 가볍지?"

부인은 화를 참고 입가에 미소까지 띠며 말했습니다.

"그럼, 당연히 가볍고말고. 머리는 비었지, 나 사랑하는 마음은 없지, 허파에 바람 들어갔지, 양심도 없지, 게다가 싸가지까지 없잖아. 그러니 가볍기로야 풍선보다 더 가벼울 수밖에."

그날 이후 부부는 죽을 때까지 각방을 쓰고 남남처럼 살았다고 합니다.

가정은 지친 몸과 마음을 쉬고 사랑으로 에너지를 충전하는 곳이어야 하지만, 가족 때문에 스트레스를 받는 일도 흔합니다. 가족 사이에 '왕따'가 생기고, 가족끼리 싸우고, 서로 상처를 줍니다. 가정이 스트레스의 진원지가 되는 것이지요.

미국 심리학자 리처드 라자루스Richard Lazarus는 "일상적이고 사소한 짜증이 자꾸 쌓이면 심한 스트레스가 되어 건강을 해치기 쉽다"고 했습니다. 한방에서는 스트레스를 피가 엉기는 어혈 현상을 일으킨다고 경고합니다. 이처럼 건강에 좋지 않은 스트레스가 왜 자꾸 생기는 것일까요?

많은 이들이 스트레스를 다른 사람이 주는 것처럼 생각합니다. 그러나 정말 그럴까요? 영성가들은 이구동성으로 말합니다. 스트레스는 자신의 집착에서 온다고 말입니다. 세상일이나, 세상 사람들이 내 뜻대로 되지 않을 때 스트레스가 생긴다는 것이지요. 심리 치료에서도 스트레스는 다른 사람이 나에게 주는 것이 아니라 내가 만드는 것이라고 말합니다.

만약 가족 때문에 스트레스를 받는다고 생각한다면, 가족을 내 마음대로 하고 싶은 집착이 있는 것입니다. 가족을 한 사람의 인간으로, 자신의 길을 가는 독립적인 존재가 아니라 내 마음을 흡족하게 해주는 도구적 존재로 생각하는 한, 마음의 편안함은 없습니다. 마음에 안 드는 배우자나 자녀의 문제를 해결할 방법을 찾아 헤맬 게 아니라 왜 내가 이토록 집요하게 매달리는지 나 자신의 문제부터 해결해야 합니다.

한편 집착이 아니라 진심으로 앞날이 걱정되어 스트레스를 받기도 합니다. 배우자로서 또 부모로서 가족이 잘되길 바라는 마음은 당연합니다. 이럴 때는 어떻게 해야 할까요? 사람은 행복하고 만족스러운 상태에 머무르고 싶어 한다는 사실을 유념해야 합니다. 만약 술을 끊지 못하는 남편이라면, 술 마실 때가 행복하기 때문입니다. 또 술 마시는 자신을 나무라는 부인을 보며 행복감을 느끼기 때문입니다. 아이도 마찬가지입니다. 엄마가 잔소리는 하지만 굶기는 것도 아니고 살기가 만족스러우니 달라질 필요를 못 느낍니다. 지금 이대로가 좋으니 삶을 바꿀 생각을 하지 않는 것입니다.

세상은, 특히 대한민국은 일해야 돈을 벌고, 일하지 않으면 한 푼도 벌 수 없는 자본주의 체제이지만 가정은 다릅니다. 가족들이 어떤 짓을 하건 밥은 먹여주고 잠도 재워주는 복지 시스템이 가동되고 있습니다. 그래서 좀 문제가 있는 가족들이 변할 생각을 안 하는 것입니다.

그렇다면 어떻게 해야 할까요? 간단합니다. 불편하게 만들면 됩니다. 가족 구성원으로 해야 할 역할을 제대로 해내지 못하면 그에 상응하는 대가를 치르게 하면 됩니다. 그래야 정신을 차리고 좀 더 나은 삶을 살려고 노력하는 시늉이라도 합니다. 그런데 이도저도 다 안 된다면 어떻게 해야 할까요? 실제 상담에서는 이런 질문이 가장 많습니다. 그럴 때는 '너희들 인생은 너희들 인생이고, 내 인생은 내 인생이다'라고 선언하고 자신의 인생 만들기에 집중해야 합니다. 공부하거나, 운동으로 자신을 가꾸거나, 봉사활동을 하면서 온 에너지를 자신의 인생 만들기에 쏟다 보면 비교적 속을 덜 썩으면서 실속 있는 삶을 살 수 있습니다. 한 가정의 주부가 그렇게 살 때 다른 가족 구성원들도 각자 나름의 변화를 하게 되는 것이지요. 걱정해서 달라진다면 마음껏 걱정하세요. 그러나 아무리 걱정해도 달라지지 않는다면 걱정을 놓으십시오. 달라지지 않는데 매달리고 있는 건 바보들도 안 하는 짓입니다.

# 갈등하는 아버지와 아들의 화해 방법

천당 경로당에서 싸움이 벌어졌습니다. 노인들끼리 이런저런 자랑을 하다 자식 자랑까지 하게 되었는데, 누가 더 자식을 잘 키웠는가로 시비가 붙은 것입니다.

"우리 아들이 최고야. 걔는 내가 죽은 지 벌써 몇 년이 지났는데 아직도 울고 있어."

"뭔 소리! 우리 애들이 최고야. 걔들은 지금도 매일 내 유품 정리를 하고 있다고."

"어허, 다 헛된 짓이야. 우리 애들은 내 방을 치우지도 않고 그대로 두고 있어."

보다 못한 하느님께서 시시비비를 가리기 위해 베드로 사도를 불러 자식들의 효성 여부를 조사해오라고 하셨습니다.

얼마 후 조사를 마치고 돌아온 베드로 사도는 한숨부터 쉬었습니다.

"세 집 다 자식 농사가 엉망이었습니다. 아직도 운다는 자식을 알아보니 아버지가 숨겨놓은 재산이 어디 있는지 몰라 원통해서 우는 것이고, 매일 유품 정리를 한다는 자식들은 집문서, 땅문서 찾느라 혈안이 돼서 그러는 것이고, 빈방을 그대로 둔 놈한테는 왜 안 치우고 그냥 두었냐 했더니 팔려고 내놓았는데 뭐하러 치우느냐고 한꺼번에 버릴 거라고 하더군요. 노인들에게 사실대로 얘기해줄까요?"

베드로 사도가 묻자 주님께서는 고개를 절레절레 흔들며 이렇게 말씀하셨답니다.

"아니다. 자랑하면서 싸움질하는 게 우울증보다 나을 것이다."


어느 날 칠십 대 자매님이 상담을 청해왔습니다. 평소 남편은 신부들이 사회 문제에 관해 발언하고 행동에 나서는 모습을 보면 입에 담지 못할 욕을 한답니다. 그런데 그런 아버지를 보고 아들은 아버지에게 욕먹는 사람들 편을 들면서 아버지가 편든 사람들을 심하게 비난해서 중간에서 그 자매님 입장이 아주 난처하다는 것이었습니다. 부자지간의 의견이 달라서 큰소리가 오가고 심지어 밥상에도 같이 앉지 않으려 하니 왜 그러는지 모르겠다고 한숨을 쉬었습니다.

사람들이 받는 상처에는 아무는 것과 아물지 않는 것 두 가지가 있습니다. 아물지 않는 상처를 일컬어 트라우마라고 부르기도 하는데 이것은 다시 개인적인 것과 사회적인 것, 두 가지로 나뉩니다. 한국의 노인들은 일제강점기로 인한 상처, 한국전쟁으로 인한 트라우마가 심각합니다. 그래서 일본이라고 하면 고개를 돌리고, 좌파 이야기가 나오면 빨갱이니 뭐니 하면서 치를 떠는 것입니다. 반면 한국전쟁 이후의 젊은 세대들은 군사정권하에서 여러 가지 고초를 겪어야 했습니다. 그래서 이른바 보수 세력은 모두 부정부패에 연루된 사람들이라 치부하고 비난의 날을 세우는 것입니다.

세대 갈등은 이처럼 역사적 체험이 다르다는 데서 비롯됩니다. 이럴 때는 감정을 앞세우지 말고 각자 겪은 개인적 경험을 나누면서 이해를 구하는 것이 좋습니다. 하지만 쉽지 않은 일이지요. 이 사례에서는 아버지와 아들의 방어기제가 비슷하므로 더 쉽지 않습니다. 사람은 자기 마음을 다치지 않게 하려고 방어기제를 사용합니다. 그런데 감정 조절이 잘 안 되는 사람일수록 방어기제를 너무 자주 사용하고, 그것이 자신의 본마음이라고 착각합니다. 즉, 마음과는 정반대로 표현하면서 속내를 감추려고 하다가 나중에는 진짜 자기 마음이 무엇인지도 모르게 됩니다.

아버지의 양육 태도도 문제가 있습니다. 개는 강아지 때 귀여워하고 다독이며 키우면 사람들 잘 따르고 순한 개가 되지만 강아지 때부터 때리고 못살게 굴면 성질 사납고 말 안 듣는 개가 됩니다. 자식도 마찬가지입니다. 어릴 때부터 따뜻한 대화를 나누고 충분한 사랑과 인정을 받고 자란 아이들은 절대로 아버지에게 함부로 대들지 않습니다. 아버지와 맞서고 아버지를 꺾으려 하는 자식들은 아버지로부터 무시당하거나 무관심의 대상이었을 가능성이 큽니다. 이 역시 부자가 마주 앉아 허심탄회하게 이야기하며 풀어야 할 문제입니다. 특히 아버지가 먼저 대화를 제의하고 자식의 마음을 헤아려주는 것이 아주 중요합니다.

사람은 누구나 자신의 의견을 갖습니다. 그 의견이 다른 사람들과 일치하지 않는 것이 정상입니다. 그래서 대화가 필요한 것이지요. 그런데 대화를 할 수 없을 정도로 감정적이라면 심리적으로 미성숙하다는 뜻입니다. 심리적으로 미성숙한 이유는 각자 다릅니다. 성장 과정의 문제이거나 과거에 입은 심한 상처의 후유증

등 여러 가지가 있겠지요.

 어쨌든 서로 이해하고 대화하려는 노력 없이 일방적으로 분통을 터뜨리거나 감정 조절을 못 한다면, 중간에서 골치 썩지 말고 그냥 철없는 사람들이거니 치부하는 수밖에요. 밥 먹을 때는 정치 얘기하지 말고 밥이나 먹으라고 야단치시길 바랍니다. 어른이나 애나 철딱서니 없이 굴 때는 야단치는 것이 가장 좋은 방법입니다.

## 슬픔이라는 감정 처리법

중학교 2학년짜리 딸을 가진 주부가 상담을 청해 왔습니다. 기르던 강아지가 병으로 죽고 난 후 딸이 강아지 사진을 끌어안고 매일 눈물로 시간을 보낸다고 하더군요. 아무리 마음을 비우라고 말해주어도 소용이 없으니, 가뜩이나 마음 여린 딸이라 더 걱정된다고 했습니다.

강아지를 잃고 슬퍼하는 것은 자연스러우며 정신 건강에도 좋은 일입니다. 예전에는 슬픔이라는 감정을 부정적으로 평가했습니다. "사내자식이 울면 안 되지." "여자가 재수 없이 왜 울어." 슬픔이 복을 빼앗아간다고 생각해서 우는 것을 좋지 않게 여겼습니다. 그러나 슬플 때는 실컷 슬퍼해야 합니다. 슬픔은 상실감, 공허감을 어루만져주는 감정이기 때문입니다. 슬퍼하는 시간을 통해 떠나간 존재가 얼마나 소중했는지 깨닫게 되고, 사람의 의미를 다시 한 번 되새겨보며 자신의 삶을 돌아볼 수 있습니다.

그러나 유의해야 할 한 가지는, 슬퍼하는 시간이 너무 오래가면 안 된다는 것입니다. 우울증으로 변질할 가능성이 크기 때문입니다. 건강식품도 유통기한을 넘어 오래되면 해를 끼치는 물질이 되듯이, 슬픔 역시 허용 기간이 넘어가면 마음을 병들게 하는 우울증으로 변질합니다.

이렇게 슬픔이 우울증으로 변질하면 부정적인 사고방식이 습관화될 가능성이 큽니다. 즉, 머릿속에 고속도로처럼 길이 나서, 우리의 의지와 상관없이 부정적인 생각들이 자동으로 올라와 매사를 부정적으로만 보게 됩니다.

또 하나의 문제는, 가족 가운데 한 사람이 우울증에 걸리면 다른 가족들도 전염될 가능성이 크다는 것입니다. 우울증을 마음의 감기라고 하는데, 감기처럼 전염될 뿐만 아니라 감기를 방치하면 폐렴이나 중이염으로 악화하듯이, 우울증도 초기에 치료하지 않으면 증세는 점점 심해집니다.

또한, 마음을 비우라는 말은 별로 소용이 없습니다. 마음을 비우라는 말을 사용하는 것은 마음을 얕은 물처럼 생각하는 것인데, 그렇지 않습니다. 아무리 중학교 2학년이라고 해도 깊은 바닷속처럼 보이지 않는 것이 사람의 마음입니다. 만약 사람의 마음이 호수 정도라면 바닥의 쓰레기들을 청소해서 다 치울 수 있을 것입니다. 그러나 깊고 깊은 바다처럼 아무리 노력해도 다 치울 수 없는 것이 사람 마음입니다.

그렇다면 마음속의 힘겹고 괴로운 감정들은 어떻게 해야 할까요?

사람의 몸 안에는 여러 가지 세균들이 살고 있습니다. 몸이 건강하면 이 균들이 힘을 잃고 눌려 지내지만, 면역력이 약해지면 억눌렸던 균들이 기세당당하게 일어나서 병이 나게 합니다.

마음도 마찬가지입니다. 마음의 힘이 약해지면 여러 가지 감정들이 올라와서 사람의 영혼을 혼란에 빠뜨리는 것입니다. 그러니 마음의 면역력을 길러야 합니다. 마음을 기분 좋게 해주어야 합니다. 마음을 행복하게 해주어야 합니다. 마음을 즐겁게 해주어야 합니다. 아주 작은 것으로도 좋습니다. 마음은 아주 작은 것으로도 기뻐하고 즐거워합니다.

심리학자 대니얼 카너먼(Daniel Kahneman)은 사람의 기분이 좋지 않았다가 좋아지기까지 걸리는 시간을 측정했습니다. 그 결과, 평균

3초로 나타났다고 합니다. 어른들도 그러한데 아이들은 더 짧겠지요. 딸이 우울해한다고 걱정만 할 게 아니라 기분 전환을 할 수 있도록 도와주어야 합니다. 딸을 보면서 너무 걱정하지 않는 것도 중요합니다. 걱정은 아직 일어나지도 않은 미래의 부정적인 결과들을 상상하게 하고, 그런 상상은 마음을 조급하게 해서 아무 도움이 되지 않는 행동을 하게 만들 수 있기 때문입니다. 딸을 위해 성모님께 묵주기도를 바치면, 불안한 마음이 한결 가라앉을 것입니다.

# 엄마의
## 구순 공격적 성향

한 여성이 있었습니다. 어려서부터 총명했지만, 식구 많은 집안의 셋째 딸로 태어나 학교도 제대로 다니지 못하고, 오빠들 공부 뒷바라지하느라 일찍이 일을 했습니다. 그런 탓에 공부에 대한 갈망이 대단했습니다.

이 여성은 공부를 더 하고 싶었지만, 결혼을 하고 아들을 낳느라 원하는 공부를 할 수 없었습니다. 그래서 그녀는 아들에게 아주 차갑게 대했습니다. 엄마에게 사랑받고 싶어 하는 어린 아들에게 이런 말로 상처를 주곤 했습니다.

"너 때문에 내가 하고 싶은 것들을 다 못했어. 넌 꼭 우리 오빠들을 닮아서 내 인생에 걸림돌이 되는구나."

그 아들이 커서 어머니와 함께 성당에 다녔는데, 자기를 예뻐

하는 수녀님이 엄마였으면 좋겠다고 생각했습니다. 그래서 어머니에게 야단을 맞고 난 후에는 꼭 성당에 가서 수녀님을 보며 마음을 달래곤 했습니다. 물론 그 수녀님도 공부 잘하고, 시키는 일 잘하고, 복사 일도 열심히 하는 그를 사랑해주었습니다.

아들은 어느새 대학에 갈 나이가 되었습니다. 대학에 합격한 아들에게 어머니는 이렇게 말했습니다.

"그래, 이제 대학생이 되었으니 마음 놓고 어미를 무시하겠구나."

아들은 어머니 앞에서는 공부에 관한 이야기를 한 마디도 못 했습니다. 시험공부를 할 때도 집에서 못하고 늘 도서관에서 해야 했습니다.

그 어머니는 급기야 성당에 다녀봐야 되는 일 하나도 없다며 동네 아주머니들을 따라서 이상한 종교에 빠지고 말았습니다. 온종일 그곳에서 시간을 보내고 심지어 식당일을 하면서 번 돈을 전부 그곳에 가져다주었습니다. 말리고 싶은 마음은 굴뚝같지만 "어미를 무시하는 거냐?" 하고 화를 낼까 봐 아들은 한 마디도 못 했습니다. 어머니의 마음을 이해하려 애쓰다가도 불쑥불쑥 화가 올라와서 아들은 고민입니다.

어머니는 어린 자녀들에게 매우 중요한 존재입니다. 어머니와의 관계는 자녀에게 가장 기본적이고 중심적인 것입니다. 어머니의 몸에서 자라 어머니의 젖을 먹고 어머니의 보살핌을 받으며 자라는 아이에게 어머니는 세상 전부나 마찬가지입니다. 그래서 어머니와의 관계가 아버지, 형제, 자매, 그리고 사회관계를 맺는데 아주 큰 영향을 미칩니다.

따라서 어머니는 아이의 마음에 안정감을 심어주어야 합니다. 특히 아이에게는 엄마 젖을 먹는 시기, 즉 구순기의 성격 형성 과정이 매우 중요합니다. 이 시기에 엄마의 따스한 가슴을 느끼고 영양 공급을 잘 받고 자라면 구순 수용적 성격(oral receptive character)을 갖게 되어 관대하고 낙천적이지만, 그렇지 못하면 구순 공격적 성격(oral aggressive character)이 됩니다.

구순 공격적 성향의 사람들은 적개심이 강하고 비관적이며 시기심이 많고 지나치게 경쟁적이어서 사람들로부터 호감을 사지 못하고 공동체에서 소외당하는 경우가 많습니다. 이 아들은 다행히 어린 시절 하느님의 은총으로 수녀님을 만나, 어머니로부터 제대로 보살핌을 받지 못한 상처를 수녀님이 보듬어주어 건강한 사람으로 성장할 수 있었습니다.

또한 이 어머니가 신흥 종교에 빠져 힘들게 번 돈을 가져다 바치는 것은 성당에서 인정받지 못한 서러움과 한을 그곳에서 풀었기 때문일 것입니다. 몇개의 신흥 종교들은 기성 종교에서 마음의 상처를 받은 사람들을 노려서 선교합니다. 교묘한 말로 꼬드겨서 (마치 카바레의 제비들처럼) 환심을 산 후에 결국에는 현물을 요구합니다. 한 번 빠져들면 헤어나오기 힘들다고 하는데, 이는 아들이 어떻게 할 수 있는 문제가 아닙니다. 어머니가 진실을 알고 돌아올 때까지 기도하는 수밖에 없습니다. 성령께서 어머니를 이끄실 것입니다. 자신을 위해서는 어머니의 사진을 보며 마음속에 쌓인 불편한 감정들을 해소해 나가는 것도 좋은 방법입니다.

# 남자라도
# 힘들면 엄살 부리세요

아침에 대판 부부싸움을 하고 나간 남편이 영 마음이 쓸쓸해서 주님께 기도했습니다.

"제 부인 마음이 풀리게 해주십시오."

그러자 하느님께서 이렇게 응답하셨습니다.

"그게 맨입으로 되는 거냐, 이 짠돌아."

짠돌이 남편은 한참을 고민하다가 만 원짜리 선물을 사 들고 집으로 들어갔습니다.

"여보, 미안해. 선물이야."

선물 소리에 얼굴에 화색이 돌던 부인, 그러나 싸구려 물건을 보자 더 화가 나서 선물을 집어던지며 난동을 부렸습니다.

짠돌이 남편은 다시 기도했고, 하느님께서는 또 말씀하셨습니다.

"그걸로 마음이 풀어지겠냐. 내가 네 통장에서 돈을 빼내서 부인 통장으로 보낼 테니 그리 알아라."

"얼마나요?"

"내가 알아서 하마. 너는 늘 주님 뜻대로 하시라고 기도하지 않았느냐."

집에 돌아온 남편은 부인에게 큰 환대를 받았습니다. 그 와중에도 궁금해서 남편이 물었습니다.

"당신 통장에 얼마나 들어왔어?"

"천만 원. 당신이 웬일이야."

그 소리를 들은 남편은 심장마비로 죽고 말았습니다. 그러고는 바로 천당으로 달려가더니 문을 두드리며 "내 돈 돌리도" 하며 지금까지 울부짖고 있다 합니다.

거의 모든 사람은 감당하기 어려운 상황이 닥쳤을 때 통제하기 어려운 신체 증상이 나타납니다. 머릿속이 텅 빈 느낌에 아무 생각도 나지 않는 공황 상태가 일어나고, 등에서는 식은땀이 납니다. 아무것도 먹은 게 없는데 토할 것만 같고, 화장실에 가고 싶을 정도로 배가 아프기도 합니다. 수전증을 보이거나 목소리가 떨려서 우는 소리를 내는 사람도 있습니다. 이렇게 감당하기 어려운 상황에서 나타나는 신체적 증상을 공포발작(panic attack)이라고 합니다.

이럴 때 주위 사람들은 "괜찮아질 거야. 조금만 참아봐"라고 합니다. 혹은 스스로 '이러다 말 거야. 괜찮아질 거야' 하면서 마음을 가라앉히려 합니다. 이런 일련의 행위를 일컬어 '회피적 통제'라고 합니다.

회피적 통제란 힘든 상황에서 부정적인 생각을 억제함으로써 상황을 극복하려는 생존 기제입니다. 군대에서 '하면 된다'라는 구호를 외치게 하는 것이 전형적인 사례입니다. 문제는, 이런 회피적 통제는 증상이 가볍거나 사소할 때, 혹은 예방 차원(실제 전쟁이 아닌 훈련 시)에만 효과가 있다는 점입니다. 당사자가 깊은 공황 상태에 빠졌을 때는 효과가 별로 없을 뿐만 아니라 구호와 신체 증상 사이의 괴리감이 클수록 더 깊은 공황 상태에 빠져들게 됩니다.

그렇다면 이런 때는 어떻게 해야 할까요? 주위 사람들이 웬 엄살이냐 할 정도로 자신의 정신적 고통이나 두려움, 신체 증상을 표현하는 것이 좋습니다. 남자다우려고 이를 악물고 자신의 감정이나 신체 증상을 극복하려 하거나 저항하지 말고, 오히려 집요하게 언어화하다 보면 심리적인 안정감과 신체적인 안정감을 되찾는 데 도움이 됩니다.

담력 좋은 남자가 어느 날 갑자기 심장마비로 사망하는 이유는 '남자답게' 참아서이기도 합니다. 일찍부터 "남자는 웬만한 일은 참고 견뎌야지 엄살 부리면 안 된다" "남자는 힘들어도 내색하는 거 아니다" "사내가 이깟 일로 뭘 그래" 같은 말들 혹은 무언의 메시지를 듣고 자란 사람은 힘든 일이 있어도 내색하지 않고 아픈 데가 있어도 말하지 않게 됩니다. 반면 여기도 아프고 저기도 아프고 힘들어서 죽을 지경이라고 말하는 사람들은 주위 사람들로부터 엄살 부린다는 소리를 들을지언정 자신은 장수합니다.

어느 형제는 원래 소심한 성격에 감당하기 어려운 일이 닥치면 가슴이 오그라들어 새가슴이라는 놀림도 받았습니다. 하지만 대범한 체하며 살아왔는데 아들이 아버지를 닮아 무서움을 잘 타고 엄살이 심했습니다. 사내답게 인내하고 요셉 성인을 본받아 살라고 세례명도 요셉이라고 지어주었는데 영 마음에 들지 않는 행동을 해서 아들과 사이도 좋지 않았습니다. 아들을 싫어하는 자신이 고민이라고 하더군요.

그런데 요셉 성인이 성모님처럼 오래 살지 못하고 일찍 돌아가신 것은, 감당하기 어려운 일을 아무에게도 말 못하고 가슴속에 묻고 살았기 때문이라는 우스갯소리가 있습니다.

이 형제의 경우 우선 아들을 싫어하는 마음을 좀 더 깊이 들여다봐야 합니다. 아들의 성격, 아들의 삶을 존중하는 마음이 아니라 싫은 마음이 드는 것은 아들의 문제가 아니라 형제의 문제입니다. 일례로 자신의 삶에 좋지 않은 감정을 가진 사람들은 투사라는 방어기제를 자주 사용해서 자신과 비슷한 사람을 보면 이유 없이 적개심을 느낍니다.

어쨌든 새가슴이니 남자답지 못하게 엄살이 심하다느니 하는 소리는 무시하고(새가슴이 새가슴을 알아보는 법이니 그들이야말로 새가슴입니다), 힘든 일이 있으면 무조건 참을 게 아니라 적당히 표현하고 살아야 단명하지 않습니다.

# 환경성 급성 정신질환 '자살'

한 자매가 사춘기에 접어든 아들이 한 말에 충격을 받았습니다.

"자살하는 학생들이 이해가 가요. 나도 공부가 잘 안 되면 차라리 죽어버릴까 하는 생각이 들거든요."

공부 잘하는 아들이라 그런 생각을 하리라곤 전혀 예상치 못했기에 더 놀랐다고 합니다. 게다가 성당에 나가고 싶지 않다고 해서 이유를 물었더니 이렇게 대답하더랍니다.

"성당에서는 자살한 사람들을 죄인 취급해서 장례미사도 치러주지 않으니까요."

자매는 아들에게 어떤 말을 해주어야 할지 몰라 몹시 난감했습니다.

한국은 자살률이 높은 나라입니다. 정치인부터 연예인, 청소년부터 노인까지, 자살한 사람들에 관한 뉴스를 심심치 않게 접합니다. 이에 대한 사람들의 반응은 자살한 사람에게는 동정을, 그러나 자살의 원인을 제공한 자에게는 비난이 쏟아집니다.

그런데 우리 교회에서는 이런 일반적인 사람들의 반응과는 사뭇 다르게 자살 문제를 다룹니다. 원인 제공자가 아닌 자살을 한 당사자에게 엄중하게 죄를 묻습니다. 하느님께서 주신 소중한 생명을 자기 마음대로 처리한 교만죄를 묻는 것이지요. 이는 주님을 팔아넘기고 자살한 유다의 경우에 입각한 판단이라 생각됩니다. 그렇다고 해서 모든 자살에 엄한 것은 아닙니다. 심각한 정신적 문제로 인한 자살의 경우에는 예외적으로 하고 있습니다.

심리학자들 가운데서도 자살 행위를 적극적으로 반대하는 사람들이 있습니다. 그 가운데 가장 유명한 사람은 아우슈비츠 수용소에서 살아남은 빅터 프랭클 Viktor Frankl로, 자살에 대해 그는 이렇게 말했습니다.

"자살하는 사람들은 '자신의 인생은 아무런 의미가 없다, 더는 살 이유가 없다'고 하는데, 이것은 인생은 그 끝을 볼 때까지 의미가 있다는 인생의 법칙을 위반하는 행위이기에 절대로 자포자기해서 자살해서는 안 된다."

어쨌든 우리는 왜 어떤 사람들은 자살이라는 극단적인 방법을 선택하는지 알아볼 필요가 있습니다.

세간에서는 자살의 원인을 대개 외부에서 찾으려고 합니다. 환경적으로 열악한 여건이 자살의 주원인이란 것인데, 일부 원인이기는 하지만 직접적인 원인이라고 하기는 어렵습니다. 대개 자살하는 사람들은 의지와 인내심이 부족하거나 자기에게 가해지는 충격을 완화할 수 있는 완충 장치가 결여된 사람들, 즉 심리적으로 허약한 사람들이 열악한 환경으로 인하여 야기된 급성 정신질환 때문에 자살하는 것입니다.

그럼 왜 그렇게 정신적으로 허약한 걸까요?

사고방식에 문제가 있어서입니다. 사고에는 단선적 사고와 복선적 사고가 있는데, 단선적 사고란 A란 A일 뿐 절대로 B는 될 수 없다는 아주 고지식한 사고방식을 말합니다. 반면 복선적 사고란 A가 때로는 B도 될 수 있다고 생각하는 경우를 말합니다. 이 가운데 단선적 사고를 하는 사람들이 자살한 확률이 더 높다고 합니다. 단선적 사고를 하는 사람들은 상황이 안정적일 때는 진가를 발휘하고 인정받으나, 상황이 복잡 미묘해지고 갈등이 증폭되면 쉽게 취약해지기 때문입니다.

따라서 자살을 예방하는 가장 좋은 방법은 다양한 독서와 경험을 통해 인생에는 변수가 많다는 것, 무너질 때도 있지만 일어설 가능성도 큰 게 인생임을 깨닫는 것입니다. 즉, 사고의 폭이 넓을수록 자살 가능성은 크게 줄어듭니다.

# 걱정 불안
## 처리 방법

예수님께서 죽은 사람들을 하나씩 심판하시다가 멀리서 오는 어떤 여인을 보더니 화들짝 놀라 베드로 사도를 부르고는 어디론가 휙 사라지셨습니다.

"나 피곤하니 네가 대신 심판해라."

"웬일이시지?"

의아해하는 베드로에게 그 여인이 다가와 물었습니다.

"주님은 어디 계십니까?"

"피곤해서 쉬러 가셨다."

"아무리 피곤해도 나오시라 전해주십시오."

"무슨 일이냐?"

"제가 그토록 주님을 보고 싶어 오매불망 기도했는데 어찌 코빼기조차 안 보이시는 것입니까?"

"어허, 무슨 말이 그러한가. 피곤해서 쉬신대도."

"평생 주여 주여 기도한 저를 단지 피곤하다는 이유만으로 안 보신다는 겁니까?"

여인이 털썩 주저앉아 목 놓아 울기 시작했습니다.

당황한 베드로 사도가 주님께 물었습니다.

"어찌하면 좋겠습니까?"

"차라리 생전의 집으로 돌려보내는 게 낫겠다."

주님의 말씀에 베드로 사도는 여인을 다시 집으로 돌려보내려 했습니다. 그러자 그 여인의 집안 식구들이 집단으로 기도하는 소리가 쩌렁쩌렁 들려왔습니다.

"죽어서 이제 겨우 한숨 돌렸는데 귀가가 웬 말이냐! 무책임한 천당 정부 물러가라, 물러가라!"

주님께서 이러지도 저러지도 못하고 고민하시는 것을 본 베드로 사도가 제안했습니다.

"이곳저곳 다 환영 못 받는 원혼들을 위해서 뭔가 자리 하나 만드시죠."

오랫동안 숙고하던 주님께서 드디어 말씀하셨습니다.

"천당에 못 들어오게 하면 또 난리를 칠 테니 천당 비슷한 것을 구천 개를 만들어 헷갈리게 하여라."

이렇게 해서 짝퉁 천당이 구천 개가 생겼고, 그 후로 원혼들이 구천을 떠돈다는 말이 생겼다고 합니다.

52세의 아들을 둔 어머니가 아들 걱정 때문에 밤잠을 설친다고 했습니다. 남편과 일찍 사별하고 혼자 키운 아들이라 혹시라도 마음 상하는 말이라도 들을까 애지중지 키웠는데, 어머니 마음과는 달리 일찍부터 술, 담배를 배우고 공부는 뒷전이더니 직장생활도 변변히 하지 못하고 일용직을 전전하면서 근근이 먹고 살았답니다.

그런데 술을 좋아해서인지 몸이 자주 아프다가 근래에 와서는 일도 못 나가고 집에만 있어 어머니가 방을 따로 구해주고 생활비도 보태주었습니다. 결혼도 안 하고 혼자 사는 데다 어머니와 같이 사는 것도 싫다고 해서요.

어머니는 아들의 앞날만 생각하면 마음이 불안해서 밥도 잘 넘어가질 않고, 자신이 죽으면 누가 아들을 돌봐줄까 걱정되어 잠도 못 잔다고 했습니다.

나이 오십이 넘도록 노모의 마음을 힘들게 하는 아들이 제일 문제지만, 이 자매도 문제라는 생각이 들었습니다. 근심과 걱정이 많으면 잠이 잘 안 오고 먹는 것도 편치 않은 것은 당연한 일입니다. 불안증에 걸린 것이지요.

불안이란 심리적 경보장치입니다. 자신이 감당치 못할 어떤 일이 벌어질지 모른다는 생각이 들면 우리 마음속에서 경보장치가 울립니다. 이런 불안감은 우리가 흔히 경험하는 것이고, 또 하느님께서 인간이 안전하게 살 수 있도록 만들어주신 생존 기제이기도 합니다.

그런데 이 경보장치가 시도 때도 없이 울릴 때 문제가 생깁니다. 만약 도둑을 막기 위해 집에 설치한 경보장치가 바람만 불어도 울린다면 가족들이 어떻게 될까요? 노이로제에 걸릴 것입니다. 불안 장애에 시달리게 됩니다. 그래서 걱정거리를 잘 처리하고 사는 것이 중요합니다.

우선 이 자매는 아들에 대한 걱정을 어디엔가 하소연할 곳이 필요합니다. 마음을 털어놓을 좋은 친구라도 있으면 걱정 때문에 병드는 일은 막을 수 있습니다. 걱정거리는 혼자 마음속에 담아두고 있을수록 줄어들거나 없어지지 않고 점점 더 커집니다. 이럴 때 친구가 필요합니다. 미주알고주알 온갖 걱정거리를 다 얘기해도 들어주는 친구가 있으면 내적 불안이 적당히 환기되고, 마음의 균형을 잡을 수 있습니다. 친구야말로 걱정 해소에 절대적으로 필요한 존재이며 위기 중재자, 심리적 보약 중의 보약입니다. 성모님이 아기 예수를 잉태하신 후 그 먼 길을 가서 사촌 엘리사벳을 만난 것은 바로 이런 이유에서였습니다. 단, 마음을 편하게 해주고 입이 무거운 친구여야 합니다. 영리하지 못한 친구에게 잘못 털어놓으면 말하지 않은 것만 못할 수 있습니다.

두 번째 방법은 바쁘게 사는 것입니다. 우리가 걱정거리에 시달릴 때는 언제일까요? 한가한 때일까요, 아니면 바쁠 때일까요? 걱정거리는 보통 한가할 때 떠오릅니다. 그리그 걱정에 시달리면 움직임이 적어집니다.

바쁘게 살면 어떻게 도움이 되는 것일까요?

사람은 구조적으로 동시에 두 가지 생각을 못 합니다. 감정의 영역도 마찬가지라 두 가지 감정이 공존할 수가 없습니다. 한쪽 감정이 다른 감정을 골아내게 되어 있습니다. 그래서 걱정에 시달릴수록 가만히 있어서는 안 되고, 몸을 바쁘게 움직여서 마음속의 우울하고 불안한 기운을 몰아내야 합니다.

흔히, 관상수도원에 가면 한가롭고 여유로운 삶을 살 수 있겠다고 생각합니다. 그러나 그곳에서 한 주일이라도 살아본 사람은 절대로 그런 말을 못 합니다. 수도자들의 일과는 훈련소 일과 못

지않게 빡빡하기 때문입니다. 그런데도 수도자들이 편안해 보이는 이유는 노동이 웬만한 신경질환은 다 낫게 해주고 마음속에 잡념이 자리 잡지 못하게 하기 때문입니다. 그래서 노동을 심리적 백신이라고 부르기도 합니다.

세 번째 방법은 걱정거리를 전부 적어보는 것입니다. 종이를 반으로 나눠 한쪽에는 걱정 목록을, 다른 쪽에는 앞으로 내가 살날을 써봅니다. 그리고 양쪽을 보면 내가 지금 걱정해야 할 것과 걱정하지 말아야 할 것이 보이기 시작합니다. 더 자주 들여다보면 앞으로 남은 시간에 무엇을 위해 살아야 하는지가 보입니다.

아들이 오십을 넘었으니 자매의 나이도 팔십이 가까울 것입니다. 하느님 나라에 갈 때가 그리 머지않은데 아들 걱정만 한다면 영혼이 안식을 얻지 못하는 것은 물론, 아들은 불효자식이 되어 하느님께 야단을 맞을 테니 남은 인생은 하느님과 자매 자신을 위해서만 사용해야 할 것입니다.

# 매력적으로 보이는 경계선 성격장애

기도생활을 열심히 하던 신자들이 여러 가지 유혹을 견디다 못해 하느님께 집단으로 찾아가 면담을 신청했습니다.

"무슨 일이냐?"

"기도생활을 제대로 좀 하고 싶은데 마귀들 때문에 잘 안 됩니다. 분노 마귀나 유혹 마귀, 이런 것들을 치워주세요."

그러자 하느님께서 한숨을 푹 쉬셨습니다.

"너희들의 괴로움을 생각해서 마귀들을 손보고 싶은데 내 마음대로 안 되는구나."

하느님께서는 웬 서류 한 장을 보여주셨습니다. 서류에는 이렇게 쓰여 있었습니다.

고소장

발신: 마귀 일동

수신: 하느님

제목: 명예훼손에 대한 고소의 건

내용: 인간들이 자기 부모가 잘못 길렀거나 스스로 자기 관리를 못 해서 생긴 여러 가지 심리적 문제를 전부 우리 마귀들 탓인 양 책임 전가를 하는 것은 우리를 모욕하는 행위이므로 이에 명예훼손죄로 고소합니다.

지금도 하느님 집무실 오른편에서는 신자들이 "마귀는 물러가라!"고 시위를 하고, 왼편에서는 마귀들이 "우리가 뭘 잘못했다고 그러냐? 억울하다!" 하면서 집단 시위를 벌이고 있어서 천당 업무가 마비될 지경이라고 합니다.

한 자매가 아들 때문에 골머리를 썩이고 있었습니다. 젊디젊은 스물여섯 아들은 직장을 다녀도 금세 그만두고 모든 게 공허하고 지루하다고 했습니다. 그러면서 세상이 자기를 몰라준다면서 힘들어하고 아주 우울해했습니다. 술자리만 가면 인사불성이 되도록 마시고, 음주운전을 하다 면허취소까지 당했는데도 폭음 습관은 여전했습니다.

자매는 아들을 고쳐보려고 수도원에 개인피정을 보냈지만, 하루 만에 쫓겨났습니다. 친구들을 불러 방에서 술자리를 벌였다는 것입니다. 그렇다고 대화를 나눌 만한 제대로 된 친구가 있는 것도 아닙니다. 늘 친구들 욕을 하면서도 혼자 있는 것을 견디지 못해 이 사람 저 사람 있는 대로 불러댈 뿐이었습니다.

그런데 이상하게도 아들을 처음 본 사람들은 멋있다고 합니다. 처음에는 매너도 좋고 아주 친절한 척하기 때문입니다. 그러나 시간이 지나 변덕스러운 성격을 알게 되면서 대부분 떨어져 나갑니다. 아니면 빌붙어서 술이나 한잔 얻어먹으려는 사람들만 주위에서 맴돕니다.

이 아들은 아마도 경계선 성격장애를 갖고 있을 가능성이 큽니다. 이런 사람들은 모든 것을 이분법적으로 보는 경향이 강합니다. 옳고 그르고, 좋고 나쁘고, 믿을 만하고 사기꾼이고……. 그래서 일상생활이나 인간관계에서 상반된 극단적인 생각이나 양면적 태도를 지니는 경우가 많습니다. 그러나 일반적으로는 사람을 쉽게 의심하고 일시적인 편집증적인 경향을 보입니다. 그래서 지속해서 관계를 갖는 사람이 드물고, 성공하기도 어렵습니다. 사회에서 성공하려면 인적 네트워크가 중요한데, 이들이 가진 네트워크는 아주 빈약하고 허술하기 때문입니다.

경계선 성격장애를 가진 이들은 미성숙한 자아를 가진 사람들로 어린 시절에서 성장이 멈춘 사람들이라고 보면 됩니다. 따라서 이들은 발달 과정을 처음부터 다시 훈련해야 합니다. 우선 자신에 대한 감각, 정체성을 확립하는 데 힘을 써야 하고 부정적인 정서를 감소시키는 훈련을 해야 합니다. 즉, 지나친 정서 변화를 다룰 수 있는 대처 기술을 발전시켜야 합니다.

또한, 대인 관계나 상황을 이분법적으로 대하는 것을 교정하기 위해서는 모호하고 복잡한 생각이나 상황을 견디는 시간을 가져야 합니다. 즉, 충동적이고 미성숙한 면을 절제하는 훈련을 통해 자기 파괴적인 삶을 살지 않도록 이끌어야 합니다. 그러기 위해서는 자기 이완훈련, 마음과 몸의 긴장감을 내려놓는 훈련이 필수입니다.

하루에 일정한 시간대를 정해서 삼십 분 정도 성체조배 시간을 갖든가 혹은 집에서 조용한 방에 예수님이나 성모상을 모셔놓고 그 앞에서 가만히 앉아 있는 시간을 갖는 것이 도움될 것입니다. 이런 분들은 그 마음속이 마치 풍랑을 맞은 배와도 같기에 마음의 풍랑을 가라앉힐 시간이 필요한 것입니다.

두 번째 방법은 언어 훈련입니다. 언어란 자꾸 사용하다 보면 습관이 되게 마련인데, 경계선 성격장애인들은 부정적인 언어를 많이 사용합니다. 그런데 이런 혼잣말들은 다시 자신의 인지 구조를 부정적으로 강화하므로 시간이 가면서 심각한 장애를 초래합니다. 따라서 의지를 갖고 긍정적이며 건설적인 언어를 사용하도록 훈련하는 것이 중요합니다. 습관적으로 부정적 언어를 사용할 시 주위 사람들이 지적해주고, 그런 언어에 대하여 다른 사람들이 갖는 부정적 느낌을 솔직히 말해주어야 합니다.

가끔 역할 바꾸기를 하는 것도 좋습니다. 상대방과 자신의 역할을 바꾸어 대화하는 시간을 가지면 자신이 하는 말이나 행동이 다른 사람들에게 어떤 영향을 미치는지 알 수 있기 때문입니다.

대인 관계가 복잡하거나 크게 문제가 되는 분야는 피해서 활동을 늘려, 작은 성공 경험을 쌓는 것도 중요합니다. 그런데 대개는 성장 과정에서 심한 상처를 입은 경우가 많으므로 전문 상담가로부터 장시간의 상담을 받는 것이 가장 좋습니다. 어린 시절부터 마음속에 쌓인 것들을 풀어내고, 자신의 삶에 대한 평가를 받으면서 조금씩 자신의 인생행로를 교정해가야 합니다.

## 시어머니에게 의존하는 남편

오래전 이야기입니다. 하느님 집무실 앞에 대한민국 노인들이 몰려와서 침묵시위를 했습니다.

"무슨 일이냐?"

"저희는 대한민국에서 온 영혼들인데 저희 후손들이 주님이 세운 교회를 다니고부터는 제사도 안 지내고 형제간에 모이지도 않아서 주님께 민원을 내러 왔습니다. 제발 명절 때 모여서 우리를 기억하도록 조치를 취해주십시오."

그 말이 옳다 여기신 하느님께서 세상의 교회들에 칙령을 내리셨습니다. 일 년에 두 번 명절 때는 조상들 제사를 지내라는 칙령이었습니다.

그날 밤이었습니다. 하느님 숙소 앞에 웬 으스스한 무리가 찾아와서는 통곡하는 것이었습니다.

"칙령을 거두어주옵소서, 주님!"

"너희는 누구냐?"

"저희는 오로지 주님을 믿는 신앙을 지키기 위해 제사를 안 지내려다 목숨을 빼앗긴 사람들입니다. 저희는 신앙의 정통성을 가진 사람들이라는 자부심을 느끼고 살아왔는데 인제 와서 다시 제사를 지내라니요. 부디 칙령을 거두어주옵소서."

이에 고민하는 하느님께 베드로 사도가 조언했습니다.

"이런 때 칙령을 내리시면 왈가왈부 시끄러울 것이니 콘클라베를 하시지요. 천당에서 좀 떨어진 곳에 작은 성당이 하나 있는데 양쪽 다 거기 들어가게 하고 문을 잠근 후 의견 일치를 볼 때까지 가두어두십시오."

콘클라베가 생긴 데는 이런 사연이 있다고 합니다.

갓 결혼한 새댁이 있었습니다. 결혼 전 직장에서 남편을 만났는데 온순하고 착한 성격이 좋아서 결혼할 생각을 하게 되었습니다. 그런데 상견례를 하는 날 시어머니가 유난스럽게 남편을 챙기더랍니다. 좀 이상했지만, 모자간 사이가 돈독한가 보다 하고 그냥 넘겼습니다. 그런데 결혼을 하고 나니 그게 아니었습니다.

시어머니는 가까이 산다는 이유로 아무 때나 방문을 하고, 아들을 챙기는 게 지나쳐 마치 며느리는 게으르고 나쁜 여자인 듯한 기분이 들게 하는 것이었습니다. 남편 또한 어머니가 옆에 있으면 아이처럼 굴고, 부부싸움이라도 하고 나면 고자질을 해서 아내를 야단맞게 했습니다. 결혼했음에도 애 같은 남편과 다 큰 아들을 애 취급하는 시어머니 사이에서 자매는 괴로워하며 이혼을 고민하기에 이르렀습니다.

이런 경우는 상담의 예뿐만 아니라 TV 드라마나 현실에서 흔히 볼 수 있는 이야기입니다. 사람이라면 누구나 사랑받고 싶은 욕구와 사랑을 주고 싶은 욕구를 갖는데 특히 여성에게는 다른 사람을 보살피고 싶은 욕구가 있습니다. 여성의 이런 욕구는 모성애로 나타나 결혼하고, 아이를 낳고 키우게 하지요.

여성이 가진 모성애는 아이들에게는 정말로 중요합니다. 어머니의 사랑이 없다면 아이들은 제대로 성장하기 어렵습니다. 어머니의 사랑만이 아이들이 성장하면서 겪게 될 여러 가지 신체적 위험과 정신적 충격으로부터 보호할 수 있습니다. 만약 아이들이 어린 시절에 어머니로부터 충분한 사랑을 받지 못했다면 심리적 영양 결핍 상태가 되어 성장하는 과정에서 사회에 적응하는 데 아주 심각한 장애를 앓게 되고, 인간관계를 맺는 데 심한 애로를 느끼게 됩니다. 한편, 사랑을 주고받는 행위는 천부적인 것이 아니라 학습 행위입니다. 어머니로부터 그런 학습을 받지 못한 사람은 나이를 먹어서도 사랑을 받지도 주지도 못합니다. 이처럼 아이들에게 어머니의 사랑은 각별하게 중요합니다.

그러나 매사가 그러하듯이 이렇게 중요한 어머니의 사랑도 지나치면 좋지 않은 결과를 낳기 쉽습니다. 아이들이 성장함에 따라 부모는 적절한 시기에 아이들을 놓아주어야 합니다. 자신의 아이들이 시행착오를 겪더라도 옆에서 인내심을 가지고 지켜보는 힘든 시간을 가져야 하는데, 간혹 어머니 중에는 모성애가 지나치셔서 아이들 일을 다 거들어주려고 하는 분들도 있습니다. 과잉보호하는 것입니다. 이런 어머니들은 대개 비슷한 말을 합니다.

"이게 다 너를 위해서 하는 일이야. 내가 널 너무 사랑해서 네가 힘들어하는 것을 볼 수가 없어서 하는 일이야."

그런데 어머니가 그런 식으로 과잉보호하면 아이가 어떻게 될까요? 소위 꼭두각시가 됩니다. 건강한 아이들은 어린 시절에는 어머니에게 의존적이지만 나이가 들면서 독립과 분리를 하기 마련인데, 과잉보호를 받은 아이는 자기가 해본 것이 없어서 할 줄 아는 것이 없으므로 하는 수 없이 강력한 보호자인 어머니에게 전적으로 의지하는 기형아적인 삶을 살 수밖에 없습니다. 즉, 스스로 성장을 포기하고 어머니의 꼭두각시로 사는 삶에 안주하면서 살아간다는 것입니다.

이런 사람들은 결혼할 때도 자신이 가장으로서의 삶을 살기 위해서거나, 혹은 어른으로서의 삶을 살기 위해서 결혼을 하는 것이 아니라 자기를 보호해줄 또 하나의 어머니를 만들어놓기 위해서 결혼하게 됩니다. 그래서 자기 어머니와 부인 사이에서 떨어질 떡고물만을 바라는 영악한 아이 같은 병적인 삶을 살아가게 됩니다. 결국 시어머니와 며느리도 한 남자를 놓고서 경쟁을 벌여야 하는 병적인 관계에 이를 수밖에 없는 상태가 되는 것이지요. 이런 결혼 생활은 좋은 결과를 낳기 어렵습니다.

그렇다면 이 자매님은 어떻게 해야 할까요? 시어머니나 남편이 무엇을 하든 관심을 두지 말고 자매님 자신의 인생 만들기에만 집중해야 합니다. 그렇게 남편에게 관심을 보이지 않으면 그는 자매님에게 돌아올 것입니다. 그때 그에게 남편으로서 가장으로 해야 할 역할을 강력히 요구하시면 됩니다. 그렇지 않고 지금처럼 계속 시어머니와 남편에게 분노하는 마음을 가지고 산다면 자매님은 자신에게 주어진 인생이란 귀한 시간을 낭비하는 어리석음을 범하게 됩니다. 자매님이 분노해도 남편은 변하기는커녕 오히려 어긋날 것입니다. 남편은 두 여인의 갈등 사이에서 생기는 이익을 챙기는 미숙한 아이이기 때문입니다.

마음속에 불편한 감정이 올라오거든 자신에게 이런 질문을 하시기 바랍니다.

"네가 이렇게 시어머니와 남편에게 온종일 화를 내면서 산다면 십 년 후에는 어떤 모습일까?"

보나 마나 뻔합니다. 십 년 동안 아무것도 하지 않고 화만 냈으니 인상은 고약해질 것이고, 할 줄 아는 게 없으니 시어머니 이상으로 아이들을 과잉보호하거나 휘어잡으려고 할 것이고, 이웃 사람들은 똑같은 이야기를 십 년이나 해대는 자매님이 지겨워서 다 도망칠 것입니다. 시어머니, 남편 다 제쳐두고 열심히 공부해서 십 년 후 다른 사람들에게 필요한 사람이 될 것인가? 아니면 시어머니처럼 되어 미래의 며느리하고 똑같은 실랑이를 벌이며 살 것인가? 선택은 자매님이 하는 것입니다.

# 3장

:

'관계' 챙기기

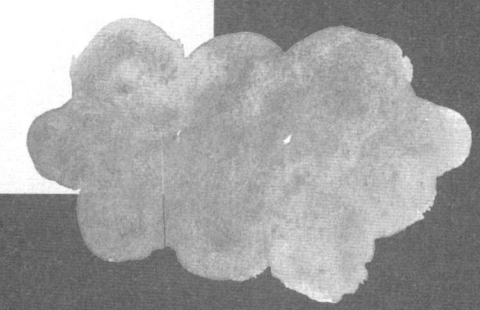

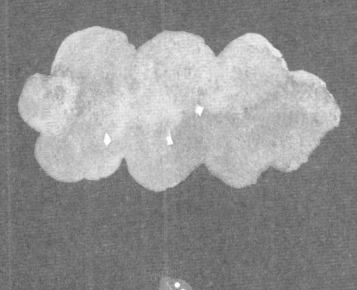

사람들이 나를 슬슬 피한다면?
가까운 사람과 관계를 회복하고 싶다면?
과도한 친절과 호의
관계를 원만하게 해주는 공감
거머리 콤플렉스에 걸린 사람 대처법
누군가 나를 지배하려그 한다면?
사마리안 콤플렉스
고향 만들기

# 사람들이 나를 슬슬 피한다면?

세상이 하 수상해서 젊은것들은 온갖 죄를 지어 천당에는 노인들만 들어오게 되었습니다. 그러자 천당에 문제가 생겼습니다. 주방 일이나 청소 등 힘쓰는 일이 많은데 젊은 사람들은 없고 노인들만 가득 차서 천당이 엉망진창이 되어 버린 것입니다. 이에 베드로 사도가 공지를 붙였습니다.

'기운 좋은 주방 자매 구함.'

그렇게 한 자매가 뽑혔습니다. 그런데 일주일쯤 지나자 천당에 이상 현상이 생겼습니다. 그 많던 노인들이 거리에 한 명도 안 보이는 것이었습니다. 어쩌다 보이는 노인들도 황급히 숨기 바빴습니다.

그중 한 노인을 잡고 베드로 사도가 이유를 묻자, 노인이 대답했습니다.

"처음엔 주방 자매가 일도 야무지게 하고 꾀부리지 않고 열심히 일해서 기뻤는데, 시간이 지나면서 자기 얘기만 줄곧 늘어놓는 바람에 짜증이 나서 이젠 아무도 방에서 안 나오려 하는 겁니다."

이야기를 들은 베드로 사도는 고민하더니 천당 마구간으로 주방 자매를 부르셨습니다.

"애초에 노인 공경하라고 너를 부른 것이다. 그런데 네가 주방 일은 잘한다만 노인 공경은 하지 않고 입이 거칠고 귀는 닫혔다 하니, 천당에서 쫓아내진 않겠다만 입에 재갈을 물릴 터인즉, 밥 먹을 때만 풀도록 하여라."

하지만 이 주방 자매, 재갈이 물린 상태에서도 입을 놀리려고 해서 베드로 사제가 할 수 없이 쌍재갈을 물렸다는 이야기가 전해 내려오고 있습니다.


어느 본당의 작은 단체장이 된 한 형제님이 고민이 있다고 했습니다. 그는 전임자가 무능한 탓에 단체가 활성화되지 못한 듯해, 나름대로 계획도 세우고 사람들의 마음가짐을 바꾸어 활성화하고자 했는데, 사람들이 오히려 그를 슬슬 피하고 전임자와 술

자리를 더 많이 갖는다는 것이었습니다. 도무지 어디서부터 해결점을 찾아야 할지 몰라 속이 상한다고 하더군요.

이 형제는의 의욕은 바람직합니다. 그러나 한 가지 간과한 점이 있었습니다. 어떤 일을 하고자 할 때는 반드시 같이 일하는 사람들의 마음부터 사로잡아야 합니다. 상담에서도 상담자가 제일 먼저 하는 일은 내담자와 라포(rapport, 협력적이며 친밀하고 우호적인 관계)를 형성하는 것입니다. 이런 친밀감이 먼저 형성되지 않고서는 어떤 일도 진척되지 않으며, 설령 가능하다 해도 어딘가 허술한 상태로 진행되기에 결과가 좋지 않을 확률이 매우 높습니다.

그렇다면 사람들의 마음을 사로잡으려면 어떻게 해야 할까요? 뜻밖에 간단합니다. 자신이 하고 싶은 이야기는 줄이고, 상대방이 하고 싶어 하는 말은 들어주는 겁니다. 어떤 자리에서건 말의 주도권을 놓지 않으려고 사설을 늘어놓는 사람들이 있습니다. 이들 중에는 자기 말에 자신이 도취하여, 다른 사람들이 자기 말에 감동하는 것인 양 착각하는 사오정 같은 사람들도 있습니다. 속으로는 다들 빈정거리고 귓등으로 말을 듣고 있는데도 말이지요.

자신이 하고픈 말이란 상대방을 내 식대로 바꾸고 싶다는 욕구가 바탕에 깔린 것입니다. 즉, 상대방을 존중하는 것이 아니라 나의 욕구 충족을 위해 상대방을 이용하고 싶어 하는 것에 불과합니다. 그렇기에 이야기를 듣는 상대방은 기분이 나쁠 수밖에 없습니다. 존중받았다는 느낌이 없어서이지요. 존중받는다는 느낌을 받을 때라야 긍정적인 반응을 나타내는 것이 사람입니다.

그 형제님은 의욕에 앞서 자신의 감정과 생각만 중요하게 여기고, 다른 사람들의 감정과 생각에는 관심이 없었으니 사람들이 그를 리더로 생각지 않고 오히려 전임자를 찾는 게 아닐까 합니다. 그러니 리더라면 입을 닫고 귀를 여는 삶을 살도록 애써야 합니다.

그리고 무엇보다 전임자를 비난하지 않아야 합니다. 정권이 바뀌면 전 정권이 해놓은 일을 쑥대밭으로 만드는 것이 자신의 입지를 세우는 최고의 방법이라 생각하는 바보 같은 정치인들이 많습니다. 그러나 대다수의 국민은 속 좁은 리더보다 포용력 있는 리더를 원합니다. 속 좁은 리더들은 분열만 조장할 뿐이지요. 그러니 그 형제님도 전임자를 비난할 게 아니라 그를 칭찬하고 넓은 마음을 보여야 사람들이 모일 것입니다.

한편, 자신이 문제 해결사여서는 안 됩니다. 자신을 해결사로 생각하면 함께 일할 사람들을 개혁의 대상, 즉 문제가 있는 사람으로 여기지만, 자신은 하자 없는 사람이라는 이분법적 사고 구조가 형성됩니다. 이런 생각을 하는 한 누구든 곁에 오려고 하지 않습니다. 그런 사람은 칼 든 망나니와 비슷하기 때문입니다.

세상에 문제없는 사람은 없습니다. 다른 사람의 문제가 아니라 자신의 문제를 다듬는 데 열중한다면 자연스럽게 사람들이 모일 터인데, 문제를 해결하겠노라며 망나니처럼 칼을 든다면 그것이 아무리 정의로운 일이라 부르짖어도 옆에 남아 있는 사람이 없을 것입니다.

# 가까운 사람과 관계를 회복하고 싶다면?

사람들이 직장 생활을 하면서 업무 자체에서 오는 스트레스보다 사람과의 관계에서 오는 스트레스가 더 크다고들 합니다. 상사처럼 어려운 사람은 어려운 대로, 허물없는 동료는 친한 대로 말썽이 생기곤 하지요. 그런데 친한 사이일수록 말 때문에 문제가 생기는 경우가 많습니다. 좋은 마음으로 한 충고나 악의 없이 한 말이 상대방 심기를 건드려 불편한 관계로 이어지기도 하고요.

아예 얼굴을 안 볼 수도 없으니 이럴 때는 참 난감합니다. 중요한 사람이 아니라면 그대로 두고 멀리하는 편이 낫지만, 관계를 회복해야 한다면 두 가지 방법이 있습니다. 쉽지는 않지만, 효과는 있을 것입니다.

첫 번째 방법은 내가 싫은 소리를 한 것의 다섯 배로 칭찬을 해주는 것입니다. 심리학자 존 가트맨John Gottman은 부부가 원만하게 지내기 위한 요소에 관해 30년 동안 연구한 사람입니다. 특히 부부간의 긍정적인 대화와 부정적인 대화의 영향력에 관한 연구는 정평이 있지요. 그의 연구 결과에 의하면, 결혼을 성공적으로 이끌려면 긍정적인 말과 부정적인 말의 비율이 낮아도 5:1이 되어야 합니다. 즉, 한 번 비판적인 말을 했으면 이를 상쇄하기 위해 긍정적인 말을 다섯 번 이상해야 한다는 것입니다.

결혼 생활은 서로를 북돋워 주고 동의해주는 말을 통해 잘 유지됩니다. 아주 짧은 말이라도 상대방의 기분을 상하게 했다면, 훨씬 많은 사랑과 관심으로 그것을 무마해야만 원만한 관계를 유지할 수 있다는 것입니다. 이는 사실 부부관계만이 아니라 일반적인 관계에서도 마찬가지입니다. 그러니 누군가와 화해를 하려면 적어도 다섯 배의 노력을 기울여야 합니다.

데일 카네기는 그의 책 《카네기 인간관계론》에서 이렇게 말했습니다.

"작은 비판조차 서로의 관계에 아주 해로운 영향을 미치므로 가까운 사람끼리는 절대로 비판하지 말고 칭찬을 아끼지 말아야 한다."

미국의 저널리스트 헬렌 롤런드Helen Rowland도 이런 말을 했지요.

"여자가 남자에게 주는 칭찬은 남자의 머리를 부풀어 오르게 하지만, 여자가 남자를 비난하는 말은 곧장 남자의 심장에 가서 꽂혀서 다시는 그 여자의 사랑을 담을 수 없을 정도로 심장을 쪼그라들게 한다."

주님께서도 복음에서 말씀하셨습니다.

"성내지 말라. 판단하지 말라. 남의 눈의 티끌을 보지 말고 자기 눈의 들보를 보라."

바로 사람과 사람이 원만하게 함께 사는 방법을 제시하신 것입니다.

두 번째 방법은, 상대방과 눈을 마주치는 시간을 자주 가지는 것입니다. 1980년대 후반, 미국 클라크대학의 제임스 레어드 교수는 특이한 실험을 했습니다. '텔레파시 실험'을 한다고 서로 모르는 사람들을 모집해서 눈을 마주 보게 한 것입니다. 이런 가짜 실험을 한 후에 참가자들에게 상대방에게 어떤 감정을 느꼈는가를 물으니, 놀랍게도 이구동성으로 모두 상대에게 매력을 느꼈다고 답했습니다.

우리는 현실에서 이런 경우를 자주 접합니다. 호젓한 등산로를 걸어가는데 반대편에서 오는 사람이 먼저 웃으며 인사를 건네면, 그 사람에게 호감이 가고 같이 인사말을 나누게 되지요. 그러나 상대방이 눈도 안 마주치고 험한 얼굴로 지나가면 괜스레 마음이 불편해지는 것이 사람의 마음입니다. 웃는 낯에 침 못 뱉고, 나를 보고 웃어주는 사람에게 마음을 주고 싶어지는 것이 인지상정일 것입니다.

현실에서 적용하기가 버거울 수도 있습니다. 어쨌든 선택은 자신의 몫입니다. 아무 방법을 취하지 않은 채 불편한 상태로 살든지 혹은 불편해도 나름대로 노력해서 관계를 회복하든지는 자신에게 달려 있습니다. 한번 하기가 힘들지 하다 보면 그리 어렵지도 않습니다.

## 과도한 친절과 호의

막노동을 하면서도 하루도 빠뜨리지 않고 열심히 기도했던 자매가 죽어서 천당을 가게 되었습니다. 천당에 들어선 자매는 말만 번지르르했던 본당 신부와 발가락으로 일을 시키던 시어머니에게 인사를 드리려 했습니다. 하지만 온종일 찾아다녀도 볼 수가 없었습니다.

그 자매는 하는 수 없이 천당 민원실을 방문하여 본당 신부와 시어머니를 뵙게 해달라고 청을 했습니다. 그러자 민원실장은 어디론가 전화를 걸었고, 통화가 끝나자마자 뒤편에서 익숙한 목소리가 들렸습니다.

"자매님, 오랜만이요."

"아가야, 반갑구나."

반가운 마음에 자매가 뒤를 돌아보았습니다. 하지만 아무것도 보이질 않았습니다.

"어디 계신 거지?"

그때 발밑에서 무슨 소리가 들렸습니다.

"여길 봐라."

발밑을 내려다보니 웬 혓바닥과 발가락이 말을 하는 겻입니다.

입으로만 좋은 말을 했던 본당 신부는 그의 혓바닥만, 또 발가락만 움직여 며느리에게 일을 시키던 시어머니는 그의 발가락만 구원을 받은 것이지요.

주변에 보면 입만 살아 있는 사람이 있습니다. 언제나 친절한 말로 마치 간이라도 빼줄 듯합니다. 그런데 혼란스러워집니다. 내게 친절과 호의를 베푸는 것 같은데 왠지 마음은 불편하고, 그렇다고 내가 호의를 받아들이지 않으면 그에게 상처를 줄 것 같고, 주위 사람들로부터도 비난을 받을 것 같기 때문입니다.

우리가 사용하는 방어기제 가운데 '반동 형성'이 있습니다. 자기 속내를 드러내지 않으려고 자신의 감정이나 생각과는 정반대로 말하고 행동하는 것을 말하는 심리학 용어인데 이는 내심으로는 욕을 해주고 싶은데, 그렇게 하면 불이익을 당할까 봐 자기감정을 숨기려고 정반대의 말이나 행동을 하는 것을 말합니다. 그래서 지나친 칭찬이나 과한 친절은 '반동 형성'일 가능성이 큽니다. 옛날이야기에 나오는 간신배들이 이 반동 형성이라는 방어기제를 사용해서 자기 군주를 속인 대표적인 사람들이지요.

그렇다면 이런 사람들을 어떻게 대해야 할까요? 너무 민감하게 반응하지도 말고, 그렇다고 너무 멀리하지도 말고 적당한 거리를 두고 지내는 것이 좋습니다. 아랫사람 중에 이런 사람이 있다면 경계하는 것이 좋습니다. 언젠가 자기 자리가 지금보다 좋아졌을 때 본심을 드러내고 나를 모함할 가능성이 크기 때문입니다. 그러나 그가 정말로 잘 모시고 싶어서 하는 행위를 지나치게 의심하는 것이라면, 그것 또한 심리적인 문제입니다.

한편 상대방이 자신의 이상형인 사람으로 생각할 때도 그런 행동을 할 수 있습니다. 마치 사춘기 아이들이 연예인을 동경하듯이 보통 사람들 사이에서도 유사한 심리 현상이 나타납니다. 한데 이런 심리 현상에도 여러 가지가 있을 수 있으니 주의가 필요합니다. 가령 존경을 표하는 대상으로서도 그렇지만 가끔 동성애적 감정을 표할 때도 나타나니까요.

적당한 거리가 유지될 때 건강한 인간관계를 유지할 수 있습니다. 누군가가 나에게 과도한 친절과 호의를 베풀거나 지나치게 밀착하려 한다면, 의존적인 성격이거나 미성숙한 심리의 발로일 가능성이 크니 부담스럽기 전에 거리를 두는 것이 현명합니다. 만약 부담감도 느끼지 않고 거리도 두지 않는다면 상대방에게 오해를 불러일으키기에 십상이고, 그로 인한 부작용도 만만치 않습니다

주위 사람들이 내게 베푸는 친절이 모두 좋고 진실한 것만은 아닙니다.

# 관계를 원만하게 해주는 공감

천당에 인구가 늘고 업무도 증가하자 하느님께서는 베드로 사도에게 시청을 만들라고 지시하셨습니다. 그 시청에서 일할 공무원은 말 없고 착한 사람들로 뽑으라 하셨는데, 이는 제멋대로인 열두 제자에게 질리셨기 때문입니다.

그렇게 시청이 생긴 몇 개월 후, 베드로 사도가 하느님께 뭔가 말하고 싶은 게 있는 듯 머뭇거렸습니다.

"무슨 일이신가?"

"공무원들을 다시 뽑았으면 합니다."

"왜?"

"주님 말씀에 따라 착하고 말 없는 애들을 뽑았는데, 도대체 자기들끼리 알아서 하는 건 없고 내 얼굴만 바라보고 있으니 복장이 터져 죽을 지경입니다. 알아서 하라고 하면 자기들은 순명 서약을 지켜야 해서 그럴 수 없다고 버팁니다. 이런 고집쟁이들하고는 같이 일 못 하겠습니다."

주님께서 베드로 사도를 물끄러미 바라보셨습니다.

"네가 날 세 번이나 모른다 했으니 잔소리 말고 보속하는 셈 치고 걔들 데리고 일해."

이 말씀에 베드로 사도는 아무 말도 못 하다가 도망치듯 사라졌다고 합니다.

말을 잘하는 사람들을 보면 참 부럽습니다. 재미있는 이야기로 사람들의 시선을 끌고 사람들과 잘 친해지고, 인기도 있지요. 그런데 꼭 말을 잘해야 인간관계가 원만해지는 것은 아닙니다. 자신이 말을 잘 못 한다면 상대방의 말을 잘 들어주면 됩니다. 즉, 공감을 잘해주면 되는 것입니다.

공감이란 상대방의 말을 잘 이해하고 그 마음과 같이 해주는 것을 말합니다. 심리학자 칼 로저스 Carl Rogers에 따르면, 우리는 온전한 공감을 받으면 반드시 마음에 좋은 변화가 온다고 했습니다. 이 말은 사람의 마음을 진심으로 공감해주면 그 사람들의 마음을 사로잡을 수 있다는 뜻이지요. 이것은 모든 인간관계에서 공통으로 나타나는 현상입니다.

어떤 본당에 '선교왕'으로 뽑힌 사람이 있었습니다. 그는 말을 잘하는 것도 아닌데 일 년에 수십 명을 예비자 교리반에 들어오게 하는 것이었습니다. 비결을 물으니, 그의 대답은 단순하면서도 놀라왔습니다. 그는 절대로 종교 이야기를 하지 않고 오로지 상대방이 하는 말에 귀를 기울여주었다고 합니다.

부부싸움도 마찬가지입니다. 대부분의 싸움은 상대방의 말에 공감하지 않고 자기주장만 일방적으로 내세울 때 일어납니다.

예를 들어 남편이 아내에게 "당신이 집에서 하는 일이 뭐가 있어? 기껏해야 밥하고 빨래하는 것밖에 없잖아"라고 한다면 그 말에 "맞아요"라고 수긍할 사람이 몇이나 될까요? 십중팔구 "그런 당신은 다른 집 남편들처럼 돈을 많이 벌어오길 해? 집안일을 잘하길 해? 아니면 아이들을 잘 돌보길 해?" 하면서 반격을 가할 것입니다.

반면 배우자의 말에 토를 달지 않고 가만히 경청하면서 공감해주면 해결된 문제는 하나도 없더라도 부부 사이의 감정에는 따뜻한 온기가 가득할 것입니다.

남의 말을 잘 듣고 공감하기는 쉬워 보여도 절대 그렇지 않습니다. 누군가에게 조언을 해주기는 쉽지만, 다른 사람의 푸념이나 고민, 신세타령을 들어준다는 것은 참으로 어려운 일입니다. 실제로 머리에 쥐가 나는 듯한 통증을 느끼기도 합니다. 경청과 공감의 어려움이 신체 증상으로 나타내는 것입니다.

남의 말을 들어주는 것이 왜 이토록 어려울까요?

첫 번째, 누구나 자신이 주도권을 가지고 있을 때는 편안하고, 상대방이 주도권을 가지고 있을 때는 피곤하기 때문입니다. 윗사람, 어려운 사람을 만났을 때 피곤한 까닭은 상대방에게 맞춰주어야 하기 때문입니다. 공감이란 상대방에 맞춰주고 상대방의 주도권을 인정해주는 것이기에 머리가 아프도록 힘든 일인 것입니다.

두 번째, 십중팔구 유머가 있거나 유쾌한 이야기가 아니라 속상한 이야기를 들어주는 것이기 때문입니다. 마음속에 쌓인 감정적 배설물을 쏟아내는 것이기에 듣는 사람은 오물을 뒤집어쓰는 기분을 감내 해야 합니다. 그래서 상담가들은 이구동성으로 말합니다. 상담에서 가장 기초적인 것이 공감이고, 가장 어려운 기법 역시 공감이라고요.

쉽지 않은 일이지만 사람의 마음을 변화시키고 사람들이 나에게 오게 하는 가장 좋은 방법은 공감입니다. 그러니 대화할 때는 입을 꼭 다물고 눈과 귀는 열어서 사람들이 나에게서 마음의 쉼터를 찾게 하세요. 누구보다 많은 사람을 얻을 수 있을 것입니다.

## 거머리 콤플렉스에
## 걸린 사람 대처법

어느 날 하느님께서는 천당 주민들 가운데 결혼하여 사별한 사람들만 따로 모아 민원을 듣기로 하셨습니다. 그 자리에 모인 수많은 아내와 남편이 세상에 두고 온 배우자를 그리워하며 언제 같이 살 수 있느냐며 통곡했습니다. 그런데 유독 한 남자만이 구석에 숨은 채 아무 말도 하지 않았습니다.

하느님께서 노한 음성으로 물으셨습니다.

"너는 아내가 보고 싶지도 않냐?"

남자는 고개를 절레절레 흔들었습니다.

"별로 안 보고 싶은데요."

그 후 남자의 아내가 천당에 오게 되었습니다. 천당을 헤매며 남편을 찾는 모습을 본 하느님께서 여인을 불쌍히 여겨 당신 비서로 임명하셨는데, 한 달이 지나자 그 여인의 집요한 성격에 질리시고 말았습니다. 급기야 하느님께서는 열두 사도를 부르셨습니다.

"내가 저 여인의 월급을 다 댈 테니 자네들 가운데 누가 데려가 비서로 쓰지 않겠는가?"

그 말씀이 끝나자마자 의심 많은 도마 사도가 찜찜해하면서 제일 먼저 나가버렸습니다. 다른 제자들도 입맛을 쩍쩍 다시며 나가버려 베드로 사도 혼자만 남게 되어 결국 그 여인은 베드로 사도의 비서로 가게 되었습니다.

한 달이 지나자 베드로 사도 역시 견디질 못하고 두 배의 월급을 부담할 테니 이 여인을 비서로 데리고 갈 사람을 찾는다는 방을 붙였습니다. 하지만 아무도 나서는 사람이 없어 할 수 없이 전 남편과 재결합하도록 했습니다. 그랬더니 그 남편은 "이게 무슨 천당이냐, 지옥이지" 하면서 매일 울어대고 있다고 합니다.

한 자매가 고민을 털어놓았습니다. 이야기인즉슨 가정 사정이 어려운 지인이 있어 안쓰러운 마음에 집으로 초대해서 이야기를 들어주었답니다. 그랬더니 갈수록 집에 찾아오는 빈도가 잦아지더니 한 번 오면 좀처럼 돌아갈 생각을 안 해 불편해졌다는 것입니다. 가뜩이나 힘들게 사는 사람에게 상처를 줄 것 같아 오지 못하게도 못하고, 혼자 끙끙 앓고 있는데 '이웃을 사랑하라'고 하신 주님 말씀이 밟혀 더 마음이 답답하다고 하더군요.

힘든 사람을 위로해 주려는 마음은 갸륵한 것입니다만 지나치면 오지랖이 넓은 것이지요. 매번 집에 들여 신세 한탄을 하도록 자리를 깔아주었으니 이 자매는 오지랖이 넓은 사람이라고 할 수 있습니다(오지랖이 넓은 사람들은 자기과시가 강한 편입니다. 자신의 선행을 여기저기 자랑하는 바람에 사람들로부터 얻을 좋은 평판을 입으로 깎아 먹기도 합니다).

그런데 그 사람은 왜 이 자매에게 집착하는 걸까요?

우리는 누구나 자기 위안을 합니다. 일시적인 것이긴 하지만, 과거에 받지 못한 위로를 스스로 해줌으로써 의존 욕구가 채워지고 마음속의 분노도 어느 정도 해소할 수 있습니다. 그래서 이를 '심리적 자위행위'라고 말하기도 합니다. 스스로 엄마가 되어 자기 내면의 '상처받은 아이'를 달래주면서 쾌감을 맛보는 것이지요.

하지만 이것에 너무 빠져들면 모든 에너지를 자신에게만 쓰게 되어 외부로부터 고립되고 소외되는 심각한 문제가 생길 수 있습니다. 그러다가 의존 욕구가 깊어져 자신이 기댈 이상적인 대상을 찾아 나서기도 합니다. 그런 대상을 만나면 그를 조종하고 착취하려는 어설픈 여러 가지 행동을 하게 되고요. 가장 흔한 현상이 상대가 자신을 보호하고 보살펴야 할 대상으로 인식하게 하는 것입니다. 그가 자신에게 소홀할 때는 자해 등의 행동을 해서 상대방이 죄책감을 느끼도록 만들기도 합니다. 그렇게 다시 자신에게 매달리게 하는 것이지요. 이렇게 '거머리 콤플렉스'가 있는 사람에게 걸려들면 떼어내 버리고 싶은 욕구와 죄책감 사이에서 심한 갈등을 겪으며 서서히 탈진해갑니다. 그런 사람은 나중에 피골상접한, 죽은 것도 아니고 산 것도 아닌 좀비 같은 신세가 되고 맙니다.

그렇다면 이처럼 거머리 같은 사람은 어떻게 대처해야 할까요? 불편한 감정을 솔직히 이야기해야 합니다. 비록 상처를 입은 것처럼 세상에서 가장 불쌍한 얼굴을 할지라도 절대 속지 말고 단호하게 말해야 합니다. 그래야 자신도 살고 그도 삽니다. 여기에서 한 가지, 하느님 말씀인 성경을 묵상할 때는 너무 엄격하게 받아들이지 않는 것이 좋습니다. 예컨대 '이웃을 네 몸처럼 사랑하라'는 주님의 말씀은 이상적인 삶에 대해 말씀하신 것이지 문자 그대로 행하라는 뜻이 아닙니다. 말씀 그대로 살려고 한다면 가진 것을 다 내주고 알거지 신세가 되어야 합니다.

성경의 주님 말씀은 팔레스티나 지역 특유의 어법을 사용한 것입니다. 그래도 마음속에서 '그렇지 않아' 하는 저항의 소리가 들리거든 심리 치료를 받기를 권합니다. 한편 자신에게 '내사'라는 방어기제가 없는지도 살펴보시기 바랍니다.

## 누군가 나를
## 지배하려고 한다면?

주님께서 오랜만에 천당 시찰을 나서셨습니다. 그런데 주방에 가 보니 베드로 사도가 한 젊은이를 책으로 때리고 있는 것이 아닙니까. 놀란 주님이 베드로 사도를 말리며 무슨 일인지 물으셨습니다.

"이놈한테 김치찌개 하나 만들어달라 했더니 김치찌개 만드는 법이 있는 책을 봐야 한다는 겁니다. 그래서 책을 갖다 주었더니 이번에는 책에 있는 재료가 있어야 한다는 겁니다. 그래서 대충 만들라고 했더니 저에게 눈을 흘기며 어떻게 인생을 책도 안 보고 그렇게 대충 사느냐고 깐죽거리기에 '난 책을 이런 용도로 쓴다!' 하고 두들겨 패는 중입니다."

그러자 젊은이가 따졌습니다.

"아니, 주님. 성경에는 이웃을 사랑하라고 쓰여 있는데 그 성경으로 이러셔도 되는 건가요?"

"이놈이 누굴 가지고 놀려고 해? 너는 좀 맞아야겠다."

이번에는 주님께서 성경책을 들고 젊은이를 때리기 시작하셨습니다. 하느님한테 이런 면이 있었다니, 놀란 베드로 사도가 오히려 주님을 말리느라 고성했다는 이야기입니다.

얼마 전에 어떤 형제님이 상사 때문에 힘겨워서 직장을 그만둘 생각마저 하고 있다고 고민을 털어놓더군요. 그 상사는 능력도 있고 일도 잘하는데 사석이건 술자리이건 가리지 않고 다른 사람 욕을 해대서 듣는 사람이 민망해서 조심스럽게 한마디 할라치면 그 사람도 미워하고 불이익을 준다는 것입니다.

그 상사는 같은 성당을 다니며 봉사활동도 부지런히 하고, 기도도 열심히 하는데 성당에서도 유독 날 세운 말을 많이 해서 신부님이나 수녀님들과도 사이가 좋지 않다는 것입니다. 그런 데다가 자신에게 아첨하는 사람들만 데리고 다녀 평판도 좋지 않다고 합니다.

그 형제님의 말을 듣다 보니 〈지킬 박사와 하이드〉가 생각났습니다. 그 직장 상사는 아마도 마음속에 쌓인 것을 적절히 배설하지 못하고 꾹꾹 눌러두었다가 한꺼번에 터뜨리는 그런 사람일 것입니다. 남들에게 좋은 사람이라는 소리를 듣고 싶은 이중적인 욕구가 감정 표현을 억압하기 때문이지요. 밖에서는 호인 소리를 듣는 사람이 집에서는 폭군이 되는 것과 비슷한 경우입니다.

그는 자기 자신을 미워하는 사람, 즉 자기 비난과 자기 학대가 심한 사람일 수도 있습니다. 자기 자신을 비난하고 야단치고 함부로 대하는 사람은 다른 사람들을 대할 때도 비슷합니다. 그런 사람들은 타인을 칭찬하지 못합니다. 혹 칭찬한다 해도 마음속에 적대감을 지니고 말하는 편입니다.

자신을 비난하는 사람인 한편, 자기애적 성격장애 경향도 엿보입니다. 자기애적 성격장애가 있는 사람은 세상에서 자신을 가장 괜찮은 사람이라고 착각하며 살아갑니다. 그래서 자기 문제는 잘 못 보면서 남들을 가르치고 싶은 욕구는 강합니다. 그 상대가 성직자건 수도자건 교사이건 상관없습니다.

본당의 터줏대감 역할을 하는 신자 가운데는 이런 사람이 뜻밖에 많습니다. 이를테면 신부나 수도자가 부임해오면 전임자의 경우를 들면서 무언가를 요구하는데, 이런 요구는 대개 새로 온 신부나 수도자를 통제하고 지배하고 싶은 욕구에서 비롯된 것입니다. 또 외형적인 기도나 전례에 지나치게 매달리는 경향이 있습니다. 자기 안의 것을 감추는 방어막으로 이를 사용하는 것이지요. 그래서 아주 열심인 신자로 보이기도 합니다.

이런 성향의 사람에게 가장 피해를 보는 것은 신경증적 장애가 있는 사람입니다. 늘 모든 문제가 자신에게 있다고 생각하며 살아가는 이들은 이런 같은 자기애적 성격장애가 있는 이들의 먹잇감입니다.

만약 자신이 이런 성격장애에 속한다면 도망칠 생각 대신 마음의 힘을 키우는 훈련을 해야 합니다. 자기감정을 힘 있게 표현하는 법부터 배워야 상대방이 나를 함부로 대하지 못합니다.

눈앞에 나를 지배하려고 하고 조정하려고 해서 스트레스를 주는 사람이 있다고 상상하며 삿대질도 하면서 하고 싶은 말을 다 해보는 겁니다. 욕을 해도 좋습니다. 온갖 욕을 쏟아부으면 치료 효과는 오히려 더 크지요. 게슈탈트 심리 치료에서는 이를 '빈 의자 기법'이라고 합니다.

이렇게 매일 내 안에 쌓인 것을 해소하는 작업을 하면, 내 마음속에 힘이 생기는 것을 느끼게 됩니다. 그렇게 달라진 나를 상대방도 함부로 대하지 못하는 것입니다.

빈 의자를 보고 하는데도 속이 후련해지냐고요? 후련해집니다. 처음에는 쑥스럽고 민망하지만, 묵은 감정을 털어놓다 보면 어느새 의자에 상대방이 앉아 있는 듯한 느낌이 듭니다. 쑥스러워도 매일 꾸준히 하면 분명 효과를 느낄 수 있습니다.

# 사마리안 콤플렉스

살면서 부모 원망, 세상 원망, 하느님 원망 등 입에 원망을 달고 살던 사람이 죽어서 심판대에 서게 되었습니다. 그는 주님을 뵙자마자 또 징징대면서 "내가 아직 죽을 때가 아닌데 일찍 죽게 되었다"며 원망하기 시작했습니다. 한참을 듣던 주님께서 베드로 사도를 부르더니 귓속말로 지시하셨습니다.

베드로 사도는 징징거리는 사람을 데리고 으리으리한 집으로 데려갔습니다. 그러고는 수많은 사람에게 그의 수발을 들게 했습니다. 징징거리는 사람은 드디어 하느님이 자기 기도를 들어주셨다며 기뻐했습니다.

한 달 후, 그가 베드로 사도를 찾아왔습니다.

"아니 무슨 천당이 이렇습니까? 사람이 밥 먹고 싶지 않을 때도 있고 씻고 싶지 않을 때도 있는데, 이것들이 떼거리로 몰려와서 억지로 먹이고 씻기니 이게 무슨 천당입니까?"

그러자 베드로 사도가 이렇게 말했답니다.

"너를 먹이고 씻겨주는 사람들은 천사들이 아니라 죄인들이다. 그자들은 생전에 혼자 호의호식한 죄를 보속으로 받은 자들이다. 그리고 참, 네가 지금 있는 곳은 천당이 아니라 지옥이다."

본당에 나간 지 얼마 안 된 신부가 선배 신부를 찾아와서 고민을 털어놓았습니다. 몇몇 자매들이 자신을 돌보아주려고 하는데 영 마음이 편치 않다는 것입니다. 별로 힘든 일을 한 것도 아닌데 얼마나 힘드시겠냐며 이것저것 챙겨주려 하고, 불편한 점은 없는지 아픈 곳은 없는지 늘 물어보고, 밤에는 혼자 외로우실 것 같아 전화를 드렸다며 아무 내용도 없는 이야기를 하고…….

처음에는 고마웠지만 시간이 가면서 왠지 귀찮고 지겨운 느낌이 들었답니다. 그래서 그러지 마시라고 했더니, 어느 날 한밤중에 다른 자매들이 사제관으로 전화해서는 항의하더랍니다.

"신부님을 위하는 마음에서 그런 것인데 왜 상처를 줍니까? 신자들의 정신적 아버지인 신부님이 그럴 수가 있습니까? 그 자매는 지금 식음을 전폐하고 누워 있습니다."

자매들이 울고불고 따지는 바람에 아주 애먹어서 이제는 싫다는 말도 못하고, 옆에 늘 붙어 있으려는 자매들 때문에 소화도 안 되고, 얼른 본당을 떠났으면 하는 마음밖에 없다고 신부는 고민을 털어놓았습니다. 선배 신부가 충고했습니다

"그 자매들은 사마리안 콤플렉스가 심한 분들이니 자네가 아무리 사양해도 안 될 거야. 그러니 '자네에게는 도와주는 다른 자매들이 있으니 내 걱정하지 마시고 아무도 도움 주는 사람이 없는 옆 본당의 신부님을 도와드리라'고 말해보지."

성경을 보면 착한 사마리아인 이야기가 나옵니다. 길을 가다가 어려운 사람을 보고 도움을 준 착한 사마리아인의 이야기는 교회 안에서 선행에 대해 이야기할 때마다 인용되는 대목인데, 문제는 사마리아인의 행적에 대하여 지나치게 강조하다 보니 예상치 못한 부작용이 생겼다는 점입니다. 이른바 '사마리안 콤플렉스'입니다.

우리 마음의 건강성은 얼마나 균형을 이루었는가로 판단할 수 있습니다. 즉, 마음은 나만 생각하는 이기심과 다른 사람들을 생각하는 이타심이 서로 균형을 이룰 때 가장 건강합니다. 그런데 어떤 사람들은, 마음이 지나치게 다른 사람 쪽으로 기울어져 있습니다. 그래서 지나친 희생, 지나친 헌신을 하며 살아가는데, 이

런 사람을 사마리안 콤플렉스에 걸렸다고 하지요.

사마리안 콤플렉스에 걸린 사람들에게는 공통적인 문제가 있습니다. 바로 과도한 의존적 성격입니다. 즉, 남의 눈치를 많이 보며 살아갑니다. 대개 이들은 자존감이 낮고, 다른 사람들로부터 사랑받지 못하고 있다는 생각에 시달리며 힘들어합니다. 그래서 선택한 행동이 지나친 헌신, 지나친 봉사입니다. 자신이 착한 사람이며 사랑받을 가치가 있음을 증명하기 위해 힘겹게 노력하는 것이지요.

이들은 다른 사람으로부터 '참 괜찮은 사람이다'는 말을 들으면서 자신 안의 고통스러운 감정을 없애려고 애를 씁니다. 실제로 이들은 평판이 좋기도 합니다. 법 없이도 살 사람, 착하고 성실한 사람, 헌신적인 사람, 봉사 정신이 투철한 사람이라는 칭찬을 듣습니다. 다른 사람의 일에 자기 일처럼 발 벗고 나서고, 누가 힘들다는 말을 들으면 자다가도 벌떡 일어나 뛰어나갑니다.

때로는 상대방이 부르지도 않았는데 도움을 주러 나가기도 합니다. 그러고는 고맙다는 말 한마디 못 들었다고 속상해하기도 합니다. 누군가 봉사란 고맙다는 말을 듣기 위해 하는 것이 아니라고 입바른 소리라도 하면 화를 내기도 합니다. 다른 사람이 할 수 있는 일인데도 굳이 나서서 도와주려 하거나, 상대방이 원치 않고 필요로 하지도 않는 것을 도와주려 하다가 상처 입고 힘들어하는 것이지요. 많은 영성가들이 건강한 신앙생활에 대하여 공통으로 이야기하는 것이 있습니다.

"우리는 우리 자신이 누군가에게 의존해 있는 정도를 식별해야 하고, 다른 사람의 기대와 요구를 만족하게 하기 위해서 자신의 삶을 얼마나 포기해 왔는지를 알아차려야 한다. 자신을 소홀히 하면서까지 다른 사람을 사랑하려 한다면, 사랑의 계명을 완성하기는커녕 좌절과 탈진 상태에 빠질 뿐이다."

지나친 봉사, 도를 넘은 헌신은 결코 건강한 것이 아닙니다. 이는 남에게 의존하는 마음, 남에게 사랑받으려는 갈망이 만들어 낸 마음의 병일 뿐입니다.

# 고향 만들기

해마다 명절이 되면, 가는 길이 아무리 멀어도, 길이 막혀도 고향을 찾아갑니다. 우리가 이렇게 고향을 찾는 이유는 귀소 본능 때문이지요. 해외에서 오래 거주한 사람이 노년에 고국으로 돌아오는 것, 타향에서 직장생활을 하거나 사업을 하다가도 고향을 찾는 것도 결국 마찬가지입니다.

고향은 어머니와 같은 곳이라고 하지요. 사람의 인생에서 가장 안정감을 느끼는 시기는 어머니 배 속에 있었을 때라고 합니다. 태아는 어머니의 자궁에서 지극히 안전하고 따뜻한 시간을 보냅니다. 그러다가 세상에 나와 성장하면서 좌절도 맛보고 실망도 하며 인생의 쓴맛을 맛보게 되는데 이럴 때면 무의식적으로 다시 자궁 속으로 돌아가고 싶어 합니다. 그러나 이것은 불가능한 일이지요. 그래서 자신이 나고 자란 곳을 고향이라 이름 붙이고, 그곳에서 어머니 배 속에서와 같은 휴식을 취하고, 안정감을 느끼고자 하는 것입니다.

고향은 우리 마음을 치유하고 회복시킨다는 관점에서 아주 중요한 의미가 있는데, 고향이 없는 이들도 있습니다. 이런 사람들은 어떻게 해야 할까요? 자신이 사는 자리를 고향처럼 만들면 됩니다. 즉, 나를 이해해주고 사랑해주는 사람들을 많이 만들어, 마치 바람막이 벽처럼 나를 보호해주도록 하면 됩니다. 비록 어린 시절의 죽마고우는 아니라도 나를 따뜻하게 맞아주는 사람들이 있는 곳이라면 그곳이 바로 고향이 됩니다.

문제는 나를 이해해주고 보호해주는 사람들을 어떻게 만드는가 하는 것입니다. 그 답은 주님께서 누누이 말씀하고 계십니다. 이를테면 마가복음 12장 31절에서 주님은 "네 이웃을 네 몸과 같이 사랑하라"라고 말씀하십니다. 물론 이 말씀을 무조건 베풀어야 한다는 식으로 해석해서는 곤란합니다. 자칫하면 병적인 콤플렉스가 생길 수 있고, 남들에게 퍼주다가 상처 입고 사기당하는 일조차 벌어질 수 있기 때문입니다.

주님의 이 말씀은 나를 보호해줄 사람을 만드는 방법에 대한 것으로 이해할 필요가 있습니다. 즉, 상대방을 아껴주면, 상대방도 나에게 그렇게 할 것입니다. 마케팅 전문가 키이스 페라지Keith Ferrazzi는 인간관계에 대해 이렇게 말합니다.

"오랜 세월 대인 관계의 힘을 내 삶과 일에 적용해본 결과, 사람과의 관계가 가장 중요하게 배워야 할 일이며 삶의 기술이라는 믿음이 생겼다. 적절한 네트워킹은 다른 사람들이 더 잘될 수 있도록 돕는 방법을 찾는 것이다. 받는 것보다 더 많이 주려고 열심히 노력해야 한다. 인간관계는 서로의 필요를 인식하고 있을 때 제대로 기능한다. 타인과 관계를 구축하는 데 시간과 에너지를 투자하는 것은 궁극적으로 서로에게 도움이 된다는 암묵적 이해가 저변에 깔려 있다. 성공한 사람들은 인간관계의 역동성을 이해한 사람들이었고, 현재 그 자리에 있기 위해 친구들의 힘을 빌릴 줄 아는 사람들이었다."

인생에서 성공하기 위해서는 사람이 필요하고, 사람을 얻으려면 그 사람에게 최선을 다해야 한다는 뜻입니다. 이는 주님의 말씀을 현대식으로 표현한 말이라 하겠습니다.

우리가 인생을 살아가는 데 가장 필요한 재산은 사람입니다. 사람 때문에 울고 웃고 상처받지만, 주위에 사람이 없으면 인생은 너무나 외롭고 허망할 것입니다. 그러나 아무리 내가 외롭고 힘들어도 사람들이 거저 내게 와주지는 않습니다. 모든 사람은 내가 관심을 두고 돌보아주는 만큼 나에게 가까이 옵니다. 주는 만큼 받는 것이지요.

　주위 사람들에게 따뜻한 마음을 베푸는 삶을 살면, 그들은 나를 잊지 않고 기도해주고 보호해주는 고향 역할을 해줄 것입니다.

# 4장

:

## '스트레스' 없애기

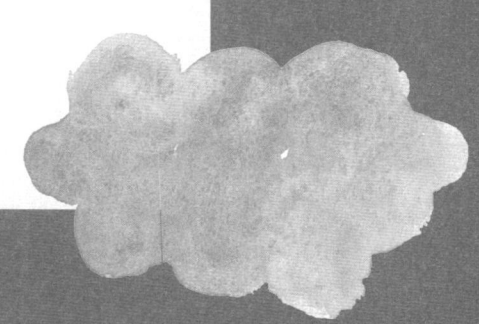

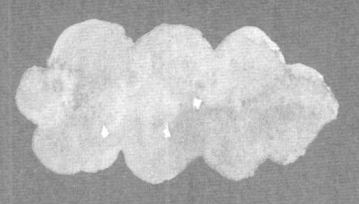

가짜 두통 치료법
인생의 귀찮은 걸림돌 '짜증' 해소법
주제 파악이 안 돼 걸리는 '좌절 콤플렉스'
엔진이 과열되면 식혀주듯 뇌도 쉬게 해주어야
고지식하고 단순한 사람들이 걸리는 병
기피 대상 1순위 '당연함의 폭력'
살아 있는 사람과 죽은 사람의 차이
인생의 시궁창 같은 '무기력증'
'편안함'이라는 중독에 빠지면?
거지 근성 '피해자 콤플렉스'
거절 불능증 혹은 미안 과잉증
손해 유발 덩어리 '빨리빨리병'
감정의 배설물 '욕'
게으른 생각이 만든 '고정관념'
여러분! 행복하시나요?

## 가짜 두통
## 치료법

천당 문 앞에서 사람들을 심사하던 베드로 사도는 너무 피곤했습니다. 그래서 성격이 깐깐하고 꼼꼼하기로 유명한 강박이라는 제자에게 잠시 일을 맡겼습니다.

베드로 사도가 낮잠을 한숨 자고 돌아왔더니 그동안 천당 안으로 들어온 사람은 한 명도 없고, 자기 손가락을 꼽으며 천당 문 앞에서 우왕좌왕하는 사람들만 보였습니다.

그래서 베드로 사도가 강박에게 물었습니다.

"무슨 일이냐?"

"주님께서 이르시기를 잘못한 사람을 일곱 번씩 일흔 번 용서하라 하지 않으셨습니까? 그래서 이 사람들 보고 다른 사람을 용서한 횟수를 정확히 더라 했더니 정확히 기억을 못 합니다. 어쨌든 용서한 횟수가 490번이 될 때까지는 천당 안으로 들어갈 꿈도 꾸지 말라고 했더니 저렇게들 용서한 횟수 기억해내려고 난리들입니다."

이에 기가 찬 베드로 사도가 웅성거리는 사람들을 몽땅 천당 문 안으로 불러들이고, 강박에게는 이렇게 지시했습니다.

"너는 지금부터 천당에 들어오는 사람이 490명이 일흔 번이 될 때까지 천당 밖에서 숫자를 세거라."

그리하여 강박은 지금도 강박적으로 사람 수를 세느라 천당에 못 들어가고 있다고 합니다.

우리는 가끔 머리에 통증을 느낄 때가 있는데 이 통증에는 실제로 뇌에 이상이 생겨서 아픈 경우와 외부 심상에 대한 왜곡된 인식 때문에 느끼는 통증 두 가지가 있습니다. 이 가운데 후자를 '가짜 두통'이라고 합니다.

귀찮고 힘든 일, 짜증 나는 일이 생겼을 때 느껴지는 이 가짜 두통에 유난히 약한 사람들이 있습니다. A 유형이라는 성격의 사람들입니다. 심리학자 프리드먼은 A 유형을 공격적이고 경쟁적이며, 야망이 높고 성공에 대한 갈망이 많지만, 참을성이 부족한 급한 성격이라고 규정하고 있습니다. 이들은 머리뿐만 아니라 복통을 호소할 때도 있습니다. 그래서 이들을 두고 "사촌이 땅을 사면 배가 아프다"는 말이 나온 것입니다. 한국 사람들 가운데는 A 유형의 성격이 상당히 많습니다. 그래서 한국 약국에는 두통약과 복통약뿐이라는 농담까지 있지요.

그렇다면 이 가짜 두통을 어떻게 다뤄야 할까요?

가짜 두통을 치료하는 가장 좋은 방법은, 특히 요즘 같은 불경기로 앞날을 가늠하기 힘든 불안한 시기에는 잘 노는 것이 최고입니다. 그러잖아도 머리 아픈 이들에게 아무리 불경기라 해도 '허리띠를 졸라 매라'는 식의 구호를 외치게 하는 무지막지한 방법은 오히려 증상을 악화시킵니다. 잘 놀면 아픈 증상이 싹 가십니다. 실제로 놀이가 사고 능력을 키워주고, 상실로부터 오는 충격을 극복하게 해주는 효과가 있기 때문입니다.

운동경기를 보는 것도 유사한 효과가 있습니다. 선수들이 뛰는 모습을 보면 머리 아픈 증상이 사라질 뿐만 아니라 가슴속에서 젊은 혈기가 솟구치는 것을 느낄 수 있습니다. 덧붙이자면 이 두 가지를 병합하여 여러 명이 모여 함께 놀이하는 것이 두통 치료에 상당히 효과적입니다. 어울려 놀아야 시너지 효과도 생기고, 우울로 무너진 마음도 추스를 수 있는 것입니다. 그래서 서양인들은 힘들 때일수록 함께 모여서 카드놀이를 한다고 합니다.

그런데 노는 게 치료법이라고 하면 펄쩍 뛰는 사람들이 있습니다. '주님은 늘 깨어 기도하라고 하셨고 자기 십자가를 지고 당신을 따르라고 하셨는데 노는 게 웬 말이냐'는 것입니다. 이렇게 시비를 거는 이들은 성경을 제대로 읽지 않은 사람들입니다.

루가복음 7장 34~35절을 보면 이런 말씀이 나옵니다.

"그런데 사람의 아들이 와서 먹고 마시자, 보라 저자는 먹보요 술꾼이며 세리와 죄인들의 친구이다 하고 너희가 말한다."

예수님께서는 한량 같은 분이었다는 것입니다. 그렇다면 죽음과 수난의 길을 가셔야 하는 분이 마시고 노는 자리에는 왜 끼셨던 것일까요?

놀이판이 좌절감에 빠진 사람에게 안정감을 주고, 자신감을 회복시켜 주며, 웃음을 준다는 것을 잘 아셨기 때문입니다. 그래서 주님께서는 수난의 길을 가야 하는 심란한 마음을 달래시기 위하여 먹고 마시고 노는 자리에 함께 하셨던 것입니다.

어떤 분이 사석에서 '주님께서 왜 제자를 열두 명이나 뽑았는지 아시는가?'라는 우스갯소리를 했습니다. 사람이 신나게 놀 수 있는 최대 인원수가 열두 명이라서 그렇다는 겁니다. 농담이지만 일리 있는 이야기입니다. 아무리 돈이 많아도 아무리 학식이 대단하여도 함께 놀아줄 사람 하나 없는 사람은 세상에서 가장 불행한 사람입니다. 주님께서 열두 사도를 늘 동반하고 다니신 일은 여러 가지 의미가 있는 것입니다.

놀이는 기나긴 인생길에서 우리가 겪어야 하는 갈등과 박탈, 상실과 갈망 등을 처리하는 중요한 역할을 하고, 대인 관계를 맺고 유지하도록 도움을 줍니다. 따라서 힘들고 외롭고 괴로울수록 방콕(방에 콕 박힘)하지 마시고, 비슷한 사람들과 어울려서 점심 고스톱이라도 치시고, 그게 싫으면 함께 TV를 봐도 좋고, 그게 멋쩍으면 함께 모여서 남의 흉을 보는 수다라도 떠시길 바랍니다. 그래야 몸에서 엔도르핀이 분비되면서 두통이 사라질 것입니다. 잘 노는 사람이 사람들로부터 사랑도 받고 회복력도 큽니다.

# 인생의 귀찮은 걸림돌 '짜증' 해소법

예수님께서 오랜만에 베드로 사도를 봤더니 그동안 너무 쇠약해진 것 같았습니다. 안쓰러운 마음에 저승사자를 경력사원으로 뽑아 수명이 다한 사람을 데려오는 임무를 맡겨 베드로 사도의 일을 덜어주셨습니다. 그 저승사자는 천명부를 들고 여기저기 부지런히 다니면서 망자들을 모아 예수님 앞에 대령했습니다.

그러던 어느 날이었습니다. 저승사자가 온종일 보이질 않았습니다. 예수님이 무슨 일일까 궁금해하시던 차에 그가 혼자 터덜터덜 천당 문에 들어섰습니다.

"도대체 무슨 일이 있었기에 온종일 코빼기도 안 보이다가 이제야 나타나는가?"

예수님이 야단을 치시자 저승사자는 풀이 죽어 말했습니다.

"글쎄, 제가 수명이 다한 한 녀석 때문에 오늘 하루를 공쳤습니다. 시장에서 장사하는 놈인데 장사 수완이 어찌나 좋은지 손님들이 끊임없이 들어오는지라 어디 말 붙일 기회가 있어야지요. 이 눈치 저 눈치 보다가 해 질 무렵 잠시 손님이 없는 틈에 얼른 가서 '자네 오늘이 죽을 날이라네. 그래서 내가 데려가겠네. 나 저승사자일세' 하고 겨우 말했습죠. 보통 사람 같으면 기겁할 텐데 이놈은 뭘 주워 먹고 그리 간이 커졌는지 '저승사자고 뭐고 지금 바빠서 죽을 시간도 없으니 나중에 오소' 하는 바람에 본전도 못 건지고 쫓겨났지 뭡니까."

"거 웃기는 놈이로다. 그렇다면 이번엔 내가 가서 혼꾸멍을 내고 데려오마."

예수님은 팔을 걷어붙이고 장사꾼에게 가 호통을 치셨습니다.

"여봐라, 나는 성부의 아들 예수 그리스도니라. 네가 죽을 때가 지났는데도 버티고 있다기에 내가 데리러 왔다."

하지만 장사꾼은 콧방귀도 안 뀌고 말했습니다.

"어이, 젊은이. 그 나이에 벌써 또라이가 되면 안 되지. 내가 일당을 쳐줄 테니 오늘 물건 나르는 아르바이트를 좀 하시게."

"어허, 나는 삼위일체 하느님 성자래도!"

"알았네, 알았어. 자네가 성자면 나이 많은 내가 성부일세."

그 바람에 성자 예수께서는 얼떨결에 시장에서 짐 나르기 아르바이트를 하시고 말았는데, 힘든 몸보다 짜증이 나서 자리에 드러누우셨다고 합니다.

살아가면서 맞닥뜨리는 어려움에는 여러 가지가 있습니다. 그 가운데 우리가 대수롭지 않게 생각하지만, 실상은 인생길에 아주 큰 걸림돌이 되는 것이 있습니다. 바로 '짜증'입니다. 짜증은 일상적으로 일어나는 감정인 동시에 긴 인생길 동안 순항을 방해하는 감정이기도 합니다. 짜증은 마치 산길을 올라갈 때 바짓가랑이에 들러붙는 풀과도 같고, 항해하는 배에 덕지덕지 달라붙는 해초와도 같습니다. 짜증을 다스리는 가장 좋은 방법은 느긋한 마음을 갖는 것입니다.

조급한 마음은 여러 가지 방정맞은 생각들을 떠오르게 하고, 그런 생각들은 불안감을 유발합니다. 그리고 그 불안감은 다시 심리적·신체적 스트레스를 가중시켜 짜증을 증폭시킵니다.

또 '급히 먹는 밥이 체한다'고, 짜증 난다고 급한 마음으로 일을 처리하면 그르치기 딱 십상입니다. 짜증이 날수록 조급한 마음을 내려놓고 느긋한 마음을 갖도록 노력해야 합니다.

그렇다면 무조건 느긋하면 되는 걸까요? 물론 그렇지는 않습니다. 느긋한 마음으로 기다리되, 사안에 따라 시간을 조절할 줄 알아야 '지혜로운 느긋함'이라고 할 수 있습니다. 인생에는 순환 주기가 있는데, 이 주기는 일에 따라 모두 다르게 나타납니다. 예컨대 밥이 되려면 한 시간이라는 주기가 필요한데, 마음이 급하다고 짜증을 내면서 밥통 뚜껑을 열었다 닫았다 하면 어떻게 될까요? 밥이 잘될 리가 없지요? 그렇다고 제가 느긋한 마음으로 기다리라고 해서 일주일 후에 밥뚜껑을 여는 사람은 설마 없겠지요?

그런데 실제로 지나치게 느긋하고 낙천적이어서 문제인 분들도 있습니다. 이들은 "하느님의 뜻이 있을 거야" 하면서 늘 하느님만 찾는 심리적 문제를 안고 있는데, 이는 병적인 콤플렉스입니다. 즉, 자신의 무신경과 무관심을 하느님 운운하면서 도피 기제로 사용하는 것입니다. '나는 할 수 있는 게 없다'는 자기비하적 생각에서 비롯된 열등감을 숨기기 위해 하느님의 뜻을 찾는 경우라 할 수 있습니다. 혹 이런 분이 있다면 전문가에게 지속적인 상담을 받을 필요가 있습니다.

## 주제 파악이 안 돼 걸리는 '좌절 콤플렉스'

베드로 사도가 천당에 들어오는 사람들의 신상명세서와 추천서를 보게 되었는데 희한한 사람이 있었습니다. 김사근이라는 사람인데 추천서마다 평가가 극과 극으로 다른 것입니다. 별 희한한 놈 다 보겠다 싶어 베드로 사도는 그에게 어떻게 살아왔는지 직접 물어보았습니다. 그러자 이 김사근이라는 자는 아주 사람 마음을 홀리는 사근사근한 목소리로 대답했습니다. 베드로 사도조차 그에게 홀라당 마음을 빼앗겼습니다.

"하느님 비서실장 자리가 비었는데 잘되었다. 네가 해라."

이렇게 해서 김사근은 하느님 비서실장이 되어 의전 및 집사 직책을 맡게 되었습니다. 하느님께서도 만족하셨는지 며칠 동안 기분 좋게 웃으면서 다니셨습니다. 그러던 어느 날 천당 주민 잔치가 끝난 후였습니다. 하느님께서 베드로 사도를 부르셨습니다.

"자네 지금 당장 천당 문지기 그만하시게!"

"아니, 왜요?"

"사람 볼 줄 몰라서."

"무슨 소리인가요?"

"지난번에 뽑아준 비서실장이란 말이야, 이늠이 평소에는 얌전한데 술만 마시면 돌변해서 당최 내가 감당이 안 돼 연옥으로 쫓아버렸네. 자네, 또 같은 실수를 할지 모르니 이제부터는 천당 유치원에 가서 애들이나 보시게."

그래서 지금은 베드로 사도를 만나려면 천당 유치원에 가야 하는데, 방문객 가운데 성격이 사근사근한 사람만 있으면 베드로 사도의 머리 뚜껑이 열린다고 합니다.

살다 보면 좌절을 겪을 때가 있습니다. 직장에서 좌천되었을 때나 사업이 망했을 때, 특히 남자들은 큰 좌절감을 맛봅니다. 한 자매님의 남편은 소위 일류대학을 나와 대기업에 취직했지만, 승진에서 밀려 회사를 그만두었습니다. 그러고는 사업을 한답시고 이것저것 손대다 모두 실패하고 집에 틀어박혔습니다. 취직할 생각도 하지 않습니다. 다시 사업을 한다 해도 성공할 가능성은 매우 낮습니다. 이익이 나는지 안 나는지 따져보지도 않고, 남들이 자기를 어떻게 볼까 해서 근사한 명함 만들기 같은 것에만 열중하다가 일 년도 버티지 못하고 쉽게 접어버리기 때문입니다. 그래서 이제 가진 것이라고는 빚뿐이라며 큰 좌절감에 속이 상해 아예 이불을 뒤집어쓰고 누워버렸습니다.

심리학자 플랜더스 던버Flamders Dunbar에 의하면 좌절감이란 정신적·육체적 욕구들이 일정한 수준 이상으로 채워지지 않았을 때 생기는 것이라고 합니다. 원하는 대로 일이 풀리지 않을 때 좌절감이 생긴다는 것입니다.

살아가면서 좌절감을 겪지 않는 사람은 한 사람도 없을 것입니다. 그런데 이처럼 모든 이가 겪어야 하는 좌절감에 유난히 약한 사람들이 있습니다. 작은 일에도 쉽게 무너지고 상심하고 힘들어하는 사람들, 이들을 일컬어 '좌절 콤플렉스'에 걸렸다고 합니다.

좌절 콤플렉스에 걸리는 이유는 대개 인생 목표를 터무니없이 높게 잡아서입니다. 옛말에 "오르지 못할 나무는 쳐다보지도 마라"라고 했지만, 쳐다보지 않기는커녕 올라가다가 미끄러져서 뒹구는 상태가 바로 좌절 콤플렉스에 걸린 사람들의 마음 상태라고 할 수 있습니다.

성급함 때문에 좌절 콤플렉스에 걸리기도 합니다. 모든 일은 결실을 얻기 위해 충분한 시간이 필요한데, 참을성이 없어 기다리지 못하고 안달복달하기 때문입니다. 한마디로 자기 주제를 모르고 성급한 사람들이 걸리는 병이 '좌절 콤플렉스'입니다.

그럼 쉽게 좌절하는 사람들은 어떻게 살아야 할까요?

마르코복음 10장 46~52절에 나오는 거지 소경의 삶을 본받아야 합니다. 사람이 거지 신세가 되기만 해도 힘든데, 이 사람은 눈까지 보이지 않았습니다. 아마도 살아가면서 죽고 싶은 생각을 한 적이 한두 번이 아니었을 것입니다. 그러나 자살하거나 폐인처럼 살지 않고 꿋꿋이 버텨내어 주님을 만나 눈을 뜬 행운을 얻은 사람이 바로 이 복음의 주인공 소경입니다.

그럼 이 거지 소경은 어떤 마음가짐을 갖고 살았던 걸까요?

체념하는 방법을 알았습니다. '체념'하면 많은 이들이 "그건 자포자기 아니야?" 하고 의아해합니다. 그러나 포기와 체념은 전혀 다릅니다. 포기는 말 그대로 자포자기, 자기 자신을 내동댕이치는 것을 말합니다. 체념은 자기를 버리는 것이 아니라, 자기 힘으로 안 되는 것에 대한 미련을 버리는 것을 의미합니다.

좌절의 극복은 체념입니다. 체념은 자신의 힘으로 가질 수 없는 것에 대한 무거운 미련을 버림으로써 마음을 가벼이 하여 앞으로 나아가고자 하는 생존 방법입니다. 만약 거지 소경이 자기 인생을 포기한 사람이었다면 이 세상 사람이 아니거나 혹은 많은 사람이 피하는 성격장애인이 되었을 것입니다. 그러나 거지 소경은 자신이 아무리 노력해도 눈을 뜰 수 없다는 사실을 체념하고, 주어진 상태에서 최선을 다하는 삶을 살았습니다. 그래서 주님을 만날 수 있는 인생 최대의 행운을 누릴 수 있었습니다.

영성가들은 신앙을 가진 사람들은 신앙을 갖지 않은 사람들보다 정신적으로 좀 더 건강하다고 하는데, 신앙을 가진 사람들은 체념의 삶이 몸에 배서라고 합니다. 신앙인들은 하느님 앞에서 자신의 유한성을 들여다보는 자기 성찰의 시간을 자주 갖고 자신의 힘으로 어찌할 수 없는 것은 하느님에게 의탁하는데, 바로 이것이 체념의 방식을 몸으로 실천하는 것이기에 신앙을 갖지 않은 사람들보다 마음과 몸을 가벼이 하고 산다는 것입니다.

살다 보면 실의와 좌절에 빠질 때가 한두 번이 아닙니다. 그런 때 세상을 원망하거나 하느님을 원망하면서 자기 인생의 귀한 시간을 낭비하지 말고 '혹 내가 성급한 것은 아닌가?' '혹 내가 너무 많은 욕심을 부린 것은 아닌가?' 하는 자기성찰의 시간을 가져야 합니다. 만약 안 되는 일에 매달려 있다면 단호하게 체념해서 마음이나 몸이 무너지지 않게 해야 할 것입니다.

한 가지 주의해야 할 점은, 너무 쉽게 체념하는 것을 받아주어서는 안 된다는 것입니다. 미련하게 매달려서 사는 것도 문제지만 그렇다고 쉽게 체념하는 것 역시 문제입니다. 즉, 자신의 무능력과 무기력함을 감추기 위해서 쉽게 포기하는 것이기에 그런 사람들은 진득하게 달라붙어서 일을 하라고 해야 합니다.

## 엔진이 과열되면 식혀주듯 뇌도 쉬게 해주어야

예수께서 천당 업무를 혼자 보시다가 비서를 쓰겠다고 하셨습니다. 이에 베드로 사도가 천당 입주자들 가운데 똘똘하다고 소문난 처자를 한 사람 선발하여 비서실로 보냈습니다.

그런데 일주일도 안 되어 예수께서 베드로 사도를 호출해서는 힐난하시는 것입니다.

"자넨 어찌 그리도 사람 보는 눈이 없는가?"

"또 왜요?"

"아니, 비서를 보내려면 똑똑한 애를 보내야지. 어찌 저리 버르장머리 없는 놈을 보냈는가?"

"천당 어르신들 사이에서는 똑똑하기로 소문난 아이인데요."

"글쎄, 그 사람들 보기엔 그럴지 몰라도 내가 데리고 있어 보니 젊은 처자가 너무 입이 가볍더구먼. 깊이 생각해보지도 않고 이 사람은 어떻고 저 사람은 저렇고 하면서 은근히 이간질하기에 입 좀 다물라고 했더니 나를 빤히 보면서 이러질 않겠나. '주님 성깔이 그 모양이시니 장가도 못 가고 돌아가셨죠.' 잉? 이래도 내가 데리고 있어야 하나."

결국, 그 처자는 입 잘못 놀려 입방아를 찍어야 하는 주둥이 방앗간으로 유배를 갔다는 이야기입니다.

우리 신체 기관 중 위장은 외부에서 들어오는 음식을 저장하고 소화 하는 데 한정된 능력을 가지고 있습니다. 만약 배가 부른데도 지금 아니면 먹을 일이 없다고 생각해서 음식을 꾸역꾸역 입안으로 밀어 넣으면 어떤 현상이 생길까요? 몸의 움직임은 둔해지고, 소화도 안 되고, 속이 불편하기 이를 데 없을 것입니다.

뇌도 마찬가지입니다. 정보의 저장과 소화 기능에 한계가 있어서 지나치게 많은 정보가 쏟아져 들어오면 우리의 뇌는 마치 과부하가 걸린 컴퓨터처럼 회전 속도가 느려지면서 잘 돌아가지 않게 됩니다. 그래서 지나치게 많은 정보를 수집하는 사람은 오히려 판단력이 저하되어 중요한 결정을 망치거나 사람을 잘못 보는 실수를 저지릅니다. 공부를 많이 한 사람 중에 이런 실수를 하는 사람들이 종종 있는데 '책상물림'이라는 말은 이런 데서 나온 것입니다.

그럼 이런 경우 어떻게 해야 할까요? 자동차 엔진이 과열되면 식혀주어야 하듯이 뇌도 쉬게 해주어야 합니다. 어떻게 쉬게 해주어야 할까요? 간단합니다. 자극을 차단해주면 됩니다. 뇌에 더 이상의 자극과 정보가 들어가는 것을 막고, 그동안 들어온 정보들을 소화하고 기존의 정보와 통합할 시간을 주어야 합니다. 너무 많은 음식을 먹은 사람이 음식을 그만 먹고 소화할 시간을 갖는 것과 같은 이치입니다.

이런 관점에서 독서광인 빌 게이츠는 일 년에 두 번, 일주일씩 '생각 주간(think week)'을 갖는다고 합니다. 그런데 우리 교회에서는 이미 오래전부터 이런 프로그램을 실시해왔습니다. 피정이 바로 그것이지요. 텔레비전도 신문도 없는 곳에서 침묵 속에 며칠을 보내는 피정은 삶을 한 차원 업그레이드하는 시간이 됩니다. 기도와 명상을 하는 피정의 시간은 자기 생각을 정리하는 시간일 뿐만 아니라, 성령께서 나를 이끌어주시는 은총의 시간이기도 합니다.

한편, 공부도 많이 하고 책도 열심히 읽는 사람이 정작 중요한 사람 보는 눈은 없는 때도 있습니다. 책을 많이 보면 지식은 늘겠지만, 지혜가 늘고 사람 보는 안목이 느는 것은 아닙니다. 사람 보는 안목이 없다면 단체 활동 등을 통해 많은 사람을 만나보는 것도 좋습니다. 책으로 세상을 보는 것과 실제로 사람을 만나는 것에는 엄청난 차이가 있습니다. 책으로 수영하는 법을 공부하는 것과 직접 물에 들어가서 수영하는 것이 다른 것과 같은 이치입니다.

사람 보는 눈이 없는 것은 사람들로부터 상처를 받을까 두려워 책으로 도피하다 생긴 부작용일 수도 있습니다. 이럴 때는 서로 친교를 나눌 수 있는 공동체나 단체에 들어가서 대화하고 사람을 익히는 기본 훈련부터 하는 것이 좋습니다. 레지오마리에 혹은 빈첸시오 같은 단체를 적극적으로 추천합니다.

한편, 책에 지나치게 의존하는 것은 아버지 콤플렉스(father complex) 때문입니다. 남들이 하는 말에 의문을 품지 않고 곧이곧대로 믿는 사람들, 책 내용에 '정말 그럴까?' 하는 물음 한 번 던지지 않고 외우듯이 책을 읽는 사람들은 자존감과 자신감이 약해서 귀가 얇고 책의 내용을 절대적인 것으로 생각하는 경향이 있습니다.

독서는 음식을 먹는 것과 같습니다. 음식을 제대로 소화하려면 꼭꼭 잘 씹어 먹어야 하듯이 독서 또한 무조건 수용할 것이 아니라 비판적인 시각으로 보는 것이 좋으며, 자기 의견을 표시하는 것이 바람직합니다.

이런 일련의 노력을 한다면 심리적인 콤플렉스도 줄어들고 사람 보는 안목도 키워질 것입니다.

## 고지식하고 단순한 사람들이 걸리는 병

베드로 사도가 휴가를 다녀와서 하느님을 뵈러 갔더니 며칠 사이 용안이 수척해 보이셨습니다.

"주님, 그새 무슨 일이 있었습니까?"

베드로 사도가 여쭙자 하느님께서 손을 들어 어딘가를 가리키셨습니다. 하느님 손이 가리키는 곳을 보니 웬 젊은 녀석 하나가 심각한 얼굴을 하고 이쪽으로 걸어오는 중이었습니다.

"저 아이가 무슨 사고를 쳤습니까?"

"아이다."

"저 아이가 양아치입니까?"

"아이다."

"그럼 뭐가 문제입니까?"

"저놈 자식이 하루에도 몇 번씩 찾아와서는 자기가 누구냐고 묻는데 환장하겠다."

"자기가 자기지 누구란 말입니까?"

"내가 수도 없이 네가 너지 누구란 말이냐고 말해주어도 노상 똑같은 질문만 해대니 내가 돌아버리겠다."

그 말을 들은 베드로 사도가 어디론가 부리나케 다녀오더니 하느님 손에 무언가를 쥐여 드렸습니다.

"그놈이 와서 그런 질문을 할 때마다 이 노래 테이프를 틀어주시고 아무 말씀 마십시오."

하느님께서 보시니 김국환의 〈타타타〉 테이프였습니다.

"내가 나를 모르는데 난들 너를 알겠느냐~"

지겹도록 이 노래를 들은 청년은 다시는 하느님 근처에 얼씬거리지 않았다고 합니다.

나는 누구일까요? 나를 어떻게 정의하느냐에 따라 삶이 달라집니다. 대개 은퇴를 한 사람들은 무기력에 빠지곤 합니다. 특히 고지식한 성격에 평생 한 우물만 파며, 오랫동안 다니던 직장을 그만둔 사람이라면 우울증에 걸리기 쉽습니다. 그는 틀림없이 자신을 회사원으로만 정의하고 살았기 때문일 것입니다.

우리 주변에는 이처럼 인생을 아주 단순하고 고지식하게 사는 이들이 꽤 많습니다. 아는 것이라곤 직장과 집, 그리고 가족뿐으로 취미도 친구도 없습니다. 나가면 돈 쓸 일, 신경 쓸 일밖에 없다고 하면서 소위 '방콕맨'으로 사는 이들은 얼핏 보기에는 가정적이고 성실한 사람 같아도 쉽게 마음이 허물어질 수 있는 심약한 사람들입니다.

심리학자인 린빌은 '자기 복잡성'이라는 개념으로 이런 현상의 원인을 설명했습니다. 그에 따르면, 인생을 역동적으로 살아가는 이들은 자기 복잡성의 수준이 높고, 단조롭게 살아가는 이들은 자기 복잡성의 수준이 낮은 사람들이라고 합니다. 자기 복잡성이 낮은 사람들, 즉 인생 경험이 단조롭고 대인관계도 단순한 사람들, 다람쥐 쳇바퀴 돌듯이 하루하루를 살아가는 사람들은 자기 복잡성이 높은 사람들보다 우울증에 걸릴 확률이 높아집니다. 사람의 마음도 건축물과 같이 무너지려고 할 때면 받쳐줄 기둥이 필요한데, 자기 복잡성이 낮은 사람들은 그 기둥이 하나뿐이라서 쉽게 허물어지기 때문입니다. 여러 곳에 투자하지 않고 한 군데 몰빵했다가 쪽박을 차는 사람처럼 된다는 것이지요. 이렇게 사는 이들은 자신의 인생을 재미있게 만들려고 노력해야 합니다. 자신을 위한 다양한 이벤트를 갖는 것이 좋습니다.

사람의 마음은 어린아이처럼 놀 때 가장 활력이 넘치고 건강해집니다. 노인들을 살펴보면 단박에 알 수가 있는데, 건강한 노인들은 친구들과 어울리며 취미 생활, 여가 생활이 다양한 데 반해 그렇지 못한 노인들은 훨씬 더 늙은이처럼 살아갑니다.

제가 일하는 가톨릭영성상담소가 있는 명동 가톨릭회관은 거의 일주일 내내 노인들로 문전성시를 이룹니다. 연세가 많은 자매님 중에는 여고생들처럼 활기차게 다니면서 이런저런 강의를 듣고 다양한 프로그램에 참여한 분들이 많습니다. 그분들을 뵐 때마다 '맞아. 노년은 저렇게 보내야 해' 하는 생각을 자주 하곤 합니다.

각종 기념일을 챙기는 것도 좋습니다. 우리가 결혼기념일이나 생일, 축일 등을 챙기는 것은 단조로운 삶을 살면서 자기도 모르게 빠지게 될 우울감의 늪으로 들어가려는 마음을 다독이는 본능적이고 무의식적인 치유 행위가 되기도 합니다. 다른 사람들이 챙겨주지 않을 때는 스스로 선물을 주는 것도 효과가 있습니다. 가난한 나라 사람들이 축제나 기념일을 꼼꼼히 챙기고 즐기는 것은 마음이 찌들어가는 것을 막아주는 예방 효과가 있기 때문입니다. 가능하면 종교 활동을 하는 것이 좋습니다. 신앙생활을 통하여 하느님과 내적 관계를 맺고 다른 신자분들과 교우관계를 맺음으로써 자기 복잡성을 높일 수 있고, 그로 인하여 마음의 병에 걸리는 것을 예방할 수 있습니다. 또한, 신앙생활은 나이를 먹어 가면서 찾아오는 불안감, 허탈감을 감소시켜 주는 중요한 기능을 하기도 합니다.

여하간 나이 들수록 '방콕'하지 마시고, 저렴하게 즐길 수 있는 다양한 취미와 여가 생활로 병원비와 약값을 줄이십시오. 인생도 즐거워지고 돈도 줄이는 일거양득입니다.

# 기피 대상 1순위
## '당연함의 폭력'

베드로 사도가 간만에 예수님의 집무실을 방문하였습니다. 그런데 집무실 문은 닫혀 있고 웬 할머니 한 분이 문 앞에서 대성통곡을 하며 긴 사설을 늘어놓고 있었습니다. 이상하게 여긴 베드로 사도가 예수님께 전화를 드렸지만, 통화도 되지 않았습니다.

젊은 혈기의 예수님께서 무슨 문제를 일으키신 건 아닌지 걱정하고 있는데, 베드로 사도의 허리에 차고 있던 구형 삐삐가 예수님의 호출을 알렸습니다.

"거기서 얼쩡대지 말고 천당 뒷문으로 와라."

베드로 사도가 급히 가보니 예수님 앞에 웬 중년 남자 하나가 무릎을 꿇고 있는데, 예수님께 얼마나 군밤을 맞았는지 머리통이 밤탱이가 되어 있었습니다.

"웬일이십니까?"

"글쎄 이놈이 나이 먹도록 성당에서 온갖 분열을 일으키고 여러 사람에게 상처 주어서 지옥으로 보내려고 했더니, 이놈 어머니라는 여인이 매일 집무실 앞에 와서 아들을 천당에 보내달라고 애원하고 있다. 그래서 이놈을 지옥에도 못 보내고, 나도 집무실에 못 들어가고, 이러지도 저러지도 못하고 있지 뭐냐."

"아, 뭐 그런 거 가지고 고민하십니까. 일단 이놈을 천당으로 불러들여 제 어머니의 소원을 들어주시고, 대신 천당에 감옥을 만들어 가두면 일거양득 아니겠습니까."

예수님께서 이 말을 꽤 그럴듯하게 여기시어 그놈을 감옥에 가두었는데 이때부터 천당에 감옥이 생겼다는 이야기입니다.

세상만사가 내 뜻대로 되는 것이 아님을 깨달을 때 오히려 마음의 평온함이 찾아오고, 꼬인 일도 잘 풀립니다. 노자는 〈도덕경〉에서 "물은 사람이 어떻게 살아가야 하는지를 알려주는 스승이다"라고 했습니다. 물은 서로 다투지 않고, 모든 사람이 싫어하는 가장 낮은 곳으로 흐르며, 누구에게나 아낌없이 은혜를 베풀고, 세상을 깨끗하게 해주기 때문에 스승이라고 한 것입니다.

세상일이 다 내 뜻대로 되어야 한다는 것은 '당연함의 폭력'입니다. 세상 돌아가는 게 짜증 나고 사람들이 영 마음에 안 든다고 불평하는 이들을 보면 대부분 당연함의 폭력에 휘둘림당하는 사람들입니다. '이 일은 당연히 이렇게 돼야 해' '나는 당연히 이렇게 살아야 해' '세상은 당연히 이렇게 돌아가야 해'와 같은 생각들, 그 생각에 사로잡힌 사람들은 수시로 짜증을 터뜨리고, 그렇게 짜증 난 마음으로 주위 사람들을 달달 볶아대서 기피 대상 1순위가 됩니다.

이를테면 "사람이라면 당연히 그래야지" 하는 말을 입에 달고 사는 사람은 실제로 스스로 그렇게 살려고 노력해서 신임을 받는 편인 반면, 다른 사람들에게는 잔소리가 심해서 대인 관계에 심각한 문제가 생깁니다. 한 마디라도 대꾸할라치면 당연한 말을 받아들이지 않는다고 오히려 핀잔을 줍니다. 그들은 큰일이든, 작은 일이든 당연한 일을 하지 않은 사람을 보기만 하면 비난을 멈추지 않습니다.

이런 사람들에게 심리학자 앨버트 엘리스Albert Ellis가 이렇게 말했지요.

"무언가에 대하여 명확함을 요구하고 그것을 얻지 못했을 때 불평하는 것은 인간이 겪는 노이로제의 주요 원인이다."

실제로 이런 분들은 여러 가지 신경증적인 질병에 시달리며 삽니다. 불면증과 화병은 기본이고, 심지어 심한 피부병이나 장기 질환에 시달리기도 합니다.

그렇다면 이런 분들은 어떻게 살아야 할까요?

심리학자 카렌 호나이Karen Horney의 조언을 들어봅시다.

"불확실성을 인생의 한 부분으로 받아들이면, 즉 자신이 바라는 대로 무엇이나 얻지는 못한다는 것을 인정하고, 그 상황을 극복하려고 애쓰면 자기 자신이 중심이 된 효율적인 삶을 살 수 있다."

라인홀드 니이버Reinhold Neibuhr는 〈평온의 기도문〉에서 이렇게 위안을 줍니다.

"하느님! 내가 바꿀 수 없는 것들을 받아들일 수 있는 평온함을, 내가 바꿀 수 있는 것들을 변화시킬 수 있는 용기를, 그리고 그 차이를 분간할 수 있는 지혜를 주소서."

진정한 평온함은 '세상일이 어디 내 마음대로 다 되겠어' 하는 생각에서 옵니다. '당연히 내 뜻대로 돼야 해' 하는 생각을 가지고 살다가 좋지 않은 일이 얼마나 생기는지 한 예화를 들려드리지요.

"당연히"라는 말을 입에 달고 다니는 어느 본당 신부가 있었습니다. 신자라면 당연히 이래야 하고 저래야 한다면서 옷차림이며 말투, 행동하는 것까지 일일이 잔소리를 해댔습니다. 그래서 다들 그 신부에게 가까이 가기를 꺼렸는데, 이 신부는 신자들뿐 아니라 자기 동창 신부들에게도 잔소리를 해대서 아주 재수 없는 사람이라는 낙인이 찍혔습니다.

그러나 신부는 자신에게 문제가 있음을 전혀 인정하지 않고 살다가 제명에 못 죽고 화병으로 일찍 생을 마감하고 말았습니다. 자기 같은 신부는 당연히 천당행이라 생각하고 천당을 향해 가는데 마중 나온 사람이 아무도 없자 신부는 화가 났습니다.

"나 같은 사람이 오면 당연히 마중을 나와야지, 이게 무슨 실례인가!"

천당 문을 차며 소리를 지르는 신부를 보고 베드로 사도가 한 인상을 쓰고 나와 일갈했습니다.

"너같이 사람들에게 잔소리해대 평화를 깨뜨린 놈은 당연히 연옥에 가야지 왜 여기 와서 행패냐!"

무안해진 신부는 지금도 무안지옥에 살고 있답니다.

## 살아 있는 사람과
## 죽은 사람의 차이

평생 자신을 채찍질하며 살아온 수도자가 죽어서 천당 길을 가게 되었습니다. 그 수도자는 자기 몸이 채찍질로 멍투성이가 된 것을 아주 자랑스럽게 여겼습니다. 그래서 천당의 가장 좋은 자리는 자기 것이라고 생각하며 의기양양하게 천당 문 앞으로 향했습니다. 그런데 그 수도자는 천당 문 앞에 도착하자마자 기가 팍 질려버렸습니다. 온몸이 채찍질로 피투성이가 된 사람들이 득실득실한 데다 서로 몸에 채찍 자국이 몇 개나 되는지 비교하면서 "너는 상천당, 너는 하천당" 자기들끼리 자리 배정을 하는 것이었습니다.

수도자가 낙심하고 있을 때 베드로 사도가 나오더니 올해 천당 아파트 분양 자격 공지를 하겠다며 방을 하나 붙였습니다. 그런데 분양 조건이 눈에 확 띄었습니다. 첫 번째가 고운 피부, 두 번째가 상큼한 외모에 세 번째 조건은 귀여운 미소라는 겁니다. 그래서 왁자지껄 자리 배정하고 있던 사람들이 의아해서 베드로 사도에게 조건 변경 이유를 따졌습니다.

"아니, 옛날에는 몸에 채찍 자국이 많은 사람이 유리했는데 올해는 왜 이 모양입니까?"

베드로 사도가 대답했습니다.

"천당에 피투성이가 된 사람들이 살다 보니 천당이 천당처럼 보이지 않고 지옥 같아 보여서 아이 키우는 천당 주부들 민원이 심각하여 올해부터는 꽃미남들에게 우선권을 주기로 했다."

싫은 일이건 좋은 일이건 감정 표현을 하지 않는 사람을 보고 흔히 '돌부처'라고 합니다. 사람이 살다 보면 싫다 좋다 말이 있어야 하는데 돌부처들은 "시간이 약이야. 다 지나가면 잊는 거야. 긍정적으로 살자" 하면서 싫은 표정조차 짓지 않으니 주위에서 칭찬 일색입니다.

하지만 이런 사람들에게는 감정 처리에 많은 문제가 있습니다. 살아 있는 사람과 죽은 사람의 차이는 느낄 수 있느냐의 여부입니다. 느낌이 있다면 살아 있는 사람이고, 느낌이 없다면 죽은 사람이겠지요. 살아 있는 우리는 수시로 느끼고 있습니다. 그런데 우리가 가지는 이 느낌은 두 가지로 나타납니다. 즉, 외부 환경이나 자신의 심리 상태에 따라서 '편안하다' 혹은 '불편하다'로 느끼게 됩니다. 외부 대상이나 일들이 나에게 호의적이면 느낌이 좋고, 적대적이면 불편한 느낌이 들게 되는 것이지요.

한편 외부 환경이 호의적이라도 자신의 마음이 상한 상태면 불편한 느낌이 들게 됩니다. 그리고 당연하지만 모든 사람은 편안한 느낌을 좋아하지 불편한 느낌은 가능한 한 피하고 싶어 합니다. 이런 인간 본성을 잘 이용하는 것이 광고물들이지요. '느낌 좋은 사람'이라느니. '느낌이 좋은 차'라느니 하면서 사람들의 구매욕을 충동질하지요.

그런데 우리네 인성살이는 광고물이나 영화처럼 늘 즐겁고 행복할 수만은 없습니다. 때로는 싫은 사람을 만나야 하고, 때로는 하고 싶지 않은 일을 해야 합니다. 그러다 보면 견디기 어렵고 힘겨운 일에 직면하여 불편한 느낌에도 불구하고 그것을 겪어야 할 때가 많습니다. 그런데 이런 때 심리적으로 허약한 사람들일수록 불편한 상황으로부터 도피할 여러 가지 수단을 강구합니다. 기도하면서 하느님께 자신의 그런 느낌들을 다 가져가시라고 하거나, 그런 불편함을 느끼지 않는 은총을 달라고 기도하는 것이 그런 수단 중의 하나입니다. 혹은 이런 사람들도 있습니다. '시간이 약이야, 시간이 지나면 다 잊혀져'라는 자기최면을 걸면서 불편한 느낌을 외면하는 겁니다. 심지어는 '긍정적으로 살자'라는 강력한 최면으로 불편한 자기 느낌을 무의식 안에 매장해버리기까지 합니다. 얼마나 불편한 느낌이 싫었으면 그렇게까지 할까 싶습니다만, 느낌을 그런 식으로 무지막지하게 다루면 자칫 심각한 부작용에 시달릴 수 있습니다. 자연스러운 느낌을 불편하다는 이유로 억압하고 무시하면 그것이 사라지는 것이 아니라, 무의식 안에 억압되었다가 더 큰 힘을 가지고 반란을 일으켜서 자신을 공격하거나 타인을 공격할 수 있고, 우리의 자아를 조종하려 할 수도 있습니다. 또한 불편한 느낌을 없애려고 하다 보면 긍정적인 느낌마저도 느끼지 못하는 부작용을 초래하기도 합니다. 소위 무감각한 사람, 사는 맛을 모르는 사람이 되어 버리는 것입니다.

  신학에서도 느낌의 중요성에 대해 진지한 통찰이 있습니다. 신학에서는 주님의 본성에 대해 신성과 인성으로 구성된다고 봅니다. '참하느님'이시자 '참사람'이시란 표현이 그것입니다. 그런데 오래전 일부 신학자들이 주님은 오직 하느님이시지 사람은 아니라고 주장한 적도 있었습니다. 그들은 심지어 하느님께서 예수라는 인간 껍질을 입고서 수난 과정을 고통 없이 거치고 하늘나라로 가셨다고 하는 '가수난설'을 주장하기도 했습니다. 이는 하느님의 신성을 지나치게 강조하다 보니 생긴 난센스로서, 만약 그들의 말처럼 주님께서 아무런 느낌을 갖지 못한 분이시라면 우리에게 그분을 깊이 흠모하고 따르고 싶은 마음이 들겠습니까? 그렇게 무심한 신적 존재는 숭배의 대상은 될지언정 마음을 주고받는 관계를 형성하기는 어려울 것입니다. 그러나 주님께서는 슬플 때는 눈물을, 고통스러울 때는 아픔을 느낀 분이셨기에 오늘날까지도 수많은 사람이 그분 앞에서 자신의 마음을 진솔히 털어놓는 기도를 하게 되는 것입니다.

　느낌은 특히 상담에서 아주 필수적인 것입니다. 어떤 상담가가 살아오는 동안에 아무런 불편한 느낌이 든 적이 없다면 그 상담가는 자격 미달입니다. 느낌이 없다면 공감이 생기질 않고, 그저 머리로 말해주는 기계적 상담만 하게 되기 때문입니다. 따라서 우리가 경험하는 느낌들은 그것이 아무리 부정적이고 불편한 것일지라도 피하거나 무시하지 말고 충분한 관심을 기울여 느낌이 의미하는 바를 이해하려고 노력해야 더 건강해질 것입니다. 이는 마치 편식을 하지 않고 골고루 반찬을 먹어야 몸이 건강해지는 것과 같은 이치입니다.

# 인생의 시궁창 같은
## '무기력증'

하느님 나라에서 새 국무총리를 선출했습니다. 천당 주민들은 늘 조용하고 고독을 즐기는 은둔 수도자를 국무총리감으로 해달라고 집단 탄원을 했습니다. 전임 총리가 노는 거 좋아하고 사람들과 어울리며 늘 술에 절어 사는 것을 못마땅히 여긴 천당 주민들이 탄핵하는 바람에 그와 반대 성격인 새 총리가 필요해진 것입니다.

그런데 새 총리가 선출되고 난 지 한 달쯤 후 하느님께서 그 총리를 전격 해임하고 예전 총리를 다시 발탁하셨습니다. 이에 한 무리의 주민들이 항의 방문을 하여 해임 사유를 밝히라고 고래고래 난리를 쳤습니다. 그러자 하느님이 말씀하셨습니다.

"그놈은 뭐라도 조금만 제 마음에 안 맞으면 삐쳐서 입을 봉해

버리질 않나 불러도 대답도 안 하고 방에만 처박혀 있질 않나, 방에서 뭐하냐고 봤더니 기도한다고 하더라. 아니, 내가 하느님인데 그놈은 도대체 누구에게 기도한다는 건지……. 아무래도 다른 신에게 기도하는 역적놈 같아 해임했다. 왜? 니들도 한 패거리냐, 이놈들아."

하느님의 서슬에 질린 주민들은 찍소리 못하고 물러났고, 예전의 한량 총리가 지금도 천당 총리를 하고 있다는 이야기입니다.

사람들이 살면서 시련이 닥치면 어떤 이들은 점을 보거나 굿을 하고, 또 어떤 이들은 기도하거나 불공을 드립니다. 그런데 어떤 이들은 부모 원망, 세상 원망하면서 집에서 나오지 않기도 합니다. 만사가 귀찮고 힘들게 느껴지면 모든 일에서 손을 놓고 싶어집니다. 무기력증에 걸린 것이지요.

무기력증은 여러 면에서 좋지 않은 결과를 가져옵니다. 우선 인생 실패자가 될 가능성이 큽니다. 무기력증이란 자기연민의 일종으로 자기가 책임져야 할 것을 다른 사람이 해결해주길 바라는 증상입니다. 얌체 근성이지요. 또한, 자기는 피해자라고 생각하고 늘 다른 사람들을 원망하면서 삽니다. 그런데 이런 피해자 의식은 오래되면 그 역할에 인이 박이다시피 되어 마치 진짜인 것처럼 벗어나려고 하지 않게 됩니다. 그런 잘못된 의식이 더욱 오래되면 사치성 우울증이 오게 되고, 결국 실패자의 삶을 살게 됩니다.

또 무기력증은 냉소적인 태도를 일으킵니다. 입만 벌리면 믿을 사람 하나 없고, 되는 일 하나 없다는 푸념을 늘어놓으면서 냉소적 태도로 살게 되는데, 이런 태도는 사람들과 관계를 맺고 즐거운 일을 하고 싶다는 의욕을 꺾어버리고, 그렇게 꺾인 의욕을 다시 세우려는 시도조차 못 하게 합니다.

마지막으로, 만성적 무기력증은 습관성 불평과 무의식적 복수를 일으키는데 이는 강박적 분노로 발전하게 됩니다. 강박적 분노는 자신이 엄청난 힘을 가져 누구라도 제압할 수 있을 것 같은 착각에 빠지게 합니다. 한데 이것은 일시적인 허상으로 결과적으로는 도움을 줄 사람들과의 관계를 끊게 하고 하느님과의 소통마저 막는 좋지 않은 결과를 가져옵니다. 이처럼 무기력증은 시련을 겪기 이전 상태로 돌아가는 것을 방해할 뿐만 아니라 현재 삶에서 지속적인 만족감도 얻지 못하여 긍정적 에너지만 차단할 뿐입니다. 즉, 무기력증에 걸린 사람들은 그 정신이 어두운 시궁창에 빠진 사람처럼 되어 버린다는 것입니다. 그래서 말뿐만이 아니라 몸에서도 쉰 냄새를 풍기면서 삽니다.

무기력증에 걸린 사람들은 단계적으로 시궁창에서 빠져나오는 노력을 해야 합니다. 우선 자신이 시궁창 속에 빠져 있음을 인식하도록 해야 합니다. 그룹 상담 같은 자리에 보내서 다른 사람들로부터 혹독한 비판을 받게 함으로써, 자신이 피해자가 아니라 오히려 얼마나 많은 사람에게 해를 끼치면서 살았는지를 인식할 수 있도록 해줄 필요가 있습니다. 그래서 피해자 의식으로 꽉 짜인 의식의 패턴을 과감하게 깰 수 있도록 해야 합니다. 옷도 깔끔하게 입고, 자세도 바르게, 특히 언어나 행동을 긍정적이고 예의 바르게 하도록 교정해주어야 합니다.

그다음에는 앞으로 자신이 해야 할 일이 무엇인지를 스스로 깨닫게 해야 합니다. 자신을 기다리고 있는 일들과 사람들이 아직도 많다는 사실을 인식해야 강한 목적의식이 생기고, 그로부터 자신이 현재 겪고 있는 고통에서 무엇인가를 건져낼 수 있게 됩니다.

그렇게 하여 조금이라도 마음의 여유가 생긴다면 역경의 의미를 되새길 수 있는 과정을 권하고 싶습니다. 역경이란 운이 나빠서가 아니고, 하느님께서 벌하시려는 의도는 더더욱 아님을 인식할 필요가 있습니다. 자기 성장의 도구로서 역경의 의미를 되새길 수 있다면 무기력증은 어렵지 않게 극복할 수 있습니다. 이는 자기중심적으로 살던 생활방식을 기도하는 삶, 하느님을 중심으로 하는 삶으로 바꾸어주고, 그동안의 삶에 대해 진정한 반성을 하게 함으로써 더욱 성숙한 자아를 가지게 합니다. 이처럼 단계적인 자기 교정 과정이 필요합니다. 하지만 이런 작업조차 거절하고 집에만 틀어박혀 있는 사람이 있다면 그런 사람은 내버려 둬야 합니다. 밥도 주지 말고, 위로도 하지 말고, 그냥 방치해 두어야 합니다. 무기력증은 아이들의 응석 심리와 유사해서 받아주면 더 기승을 부리기 때문에, 극단적이고 충격적인 처방을 통해서만 치료할 수 있습니다.

# '편안함'이라는 중독에 빠지면?

어떤 신부가 죽어서 천당에 도착했습니다. 천당 문 앞에 서 있던 베드로 사도가 신부를 보더니 말했습니다.

"자네는 바로 천당에 들어오기는 좀 모자란 듯하니 천당보다 약간 수준 낮은 곳에서 사시게나."

베드로 사도는 천당 옆의 조당이라는 곳으로 가서 사목하라고 지시했습니다.

'조당이라니, 새를 키우는 곳인가?'

신부는 불만이었지만 생전에 기도생활은 하지 않고 매일 놀러 다닌 것이 켕겼는지 끽소리도 못하고 조당으로 갔습니다.

그로부터 일주일 후, 신부가 조당을 박차고 뛰어나와서는 베드로 사도를 찾아가 하소연했습니다.

"아무리 참고 살려고 했지만 더는 못하겠습니다. 조당 신자들은 밤이건 낮이건 사제관을 찾아와서 몸이 아프니 안수해달라, 일이 잘되게 기도해달라, 불안하니 기도해달라, 죽을 것 같으니 기도해달라, 하면서 24시간 전화를 해댑니다. 이러다간 제명대로 못 살 것 같습니다."

베드로 사도가 대답했습니다.

"이미 죽은 놈이 무슨 명줄 운운하는 거냐. 그리고 네가 그동안 본당 사목 제대로 안 하고 뺀질거린 것만큼 사목하려면 아직 멀었다."

그래서 조당에서는 지금도 즐거운 새소리가 아닌 신부의 비명이 들린다고 합니다.


사람이 가진 욕구 중 가장 간절한 것을 들라면 단연 편안함의 욕구입니다. 우리가 돈을 버는 이유도 당연히 편안하게 살기 위해서입니다. 결혼하는 이유도 거짓말 좀 보태면 총각들은 편안하게 밥 얻어먹으려는 것이고, 처녀들은 엄마 잔소리 피해 편하게 살려는 것이겠지요.

시어머니가 며느리를 두는 이유는 무엇일까요? 부엌에서 빠져나오고 싶어서일 것입니다.(아니면 말고) 혼자 사업하던 사람이 직원들 두는 이유, 본당 신부가 보좌 신부를 두는 이유도 모두 편안해지고 싶어서 그렇다고 볼 수 있습니다. 이처럼 편안하게 살고픈 욕구가 간절하다 보니 편하게 사느냐, 불편하게 사느냐가 사람의 행과 불행을 판단하는 기준이 되는 난센스가 벌어지곤 합니다. 온종일 일하는 사람은 무조건 불행한 사람이라고 생각하고, 심지어 벌을 받아서 그렇게 고생하며 사는 것으로 생각하는 경향까지 생겼습니다.

창세기에 '아담이 에덴동산에서 추방당한 후 노동을 하게 된 것'을 처벌이라고 생각하는 것이 바로 그 좋은 예입니다. 우리는 아담이 노동을 통하여 철이 든다고 생각을 하는 것이 아니라 에덴동산에서 호의호식하다가 벌을 받아서 노동하게 되었다고 생각하는 것입니다.

이런 생각은 동서양을 막론하고 공통적인 사고방식인 듯합니다. 한국에서도 시집간 딸이 친정집에 오면 손부터 본다고 합니다. 손이 하얗고 통통하면 시집 잘 갔다고 하고, 손이 부르트고 갈라져 있으면 시집 잘못 가서 고생한다고 생각합니다. 나라에 대한 평가도 유사합니다. 편의 시설을 잘 갖춘 나라, 모든 것이 갖춰진 나라는 선진국이고 그렇지 못한 나라는 후진국이라는 선입견이 존재합니다.

교리적인 면도 마찬가지입니다. 천당을 아무 일도 안 하고 호의호식하는 곳으로, 지옥을 힘들게 고생하는 곳으로 묘사하는 것도 이런 심리가 바탕에 깔린 것입니다. 그렇다면 우리가 본성대로 편하게만 사는 것이 자연스럽고 좋은 것일까요?

영성가들의 의견에 의하면 절대로 그렇지 않다고 합니다. 편안한 삶에는 병적인 중독성이 있기 때문입니다. 일시적인 편안함은 휴식과 재충전의 기회를 주지만, 지속적인 편안함은 사람의 몸과 마음을 건강하게 만들기는커녕 병들게 하기 십상이란 말입니다. 예를 들어 우리가 편하기 위해 몸을 움직이지 않고 온갖 도구만 사용한다면 우리 몸은 어떻게 될까요? 당연히 심한 비만증에 당뇨니 고혈압이니 하는 중병들이 줄줄이 따라올 것입니다.

심리적인 측면도 마찬가지입니다. 마음 편해지고 싶다고 마음 맞는 사람들끼리만 만나면 융합이란 현상이 생깁니다. 내 마음이 네 마음이고, 네 마음이 내 마음이란 식으로 서로의 건강한 거리감이 없는 질척한 관계가 형성되는데, 이렇게 죽이 맞아서 다니는 것이 지나치면 그 집단은 유치하고 배타적인 그룹을 형성하여 심리적으로 퇴행할 가능성이 큽니다. 즉, 떼거리로 몰려다니면서 다른 사람 흉이나 보고 소문이나 만들어내는 삼류 집단의식을 형성할 가능성이 크다는 것입니다. 본당마다 좋지 않은 소문으로 신자들 간에 분열이 일어나는 원인을 찾다 보면 반드시 이런 삼류집단이 나타납니다.

이런 편안함의 중독을 예방하려면 어떻게 살아야 할까요?

약간은 불편한 삶을 살아야 합니다. 심리적 건강을 위해서는 마음에 맞지 않는 사람들일지라도 만나서 같이 지내는 시간을 가져야 합니다. 그래서 신학교에서도 식사자리이건, 기도하는 자리이건 끼리끼리 앉지 못하게 수시로 자리를 바꿔줍니다. 건강을 위한 운동은 원래 몸을 움직이는 불편함을 감수하는 것입니다. 그래야 건강을 유지할 수 있다는 것은 누구나 다 아는 사실입니다. 등산길에 가끔 보게 되는 바위틈에 자라난 나무의 굵고 넓은 뿌리도 불편함을 감수한 결과입니다. 어떻게든 살아나려는 생존 의지가 그런 뿌리를 만든 것입니다. 사람도 마찬가지입니다. 너무 편한 환경에서 순탄한 인생을 사는 분들은 그 마음의 뿌리가 얕고 약해서 작은 일에도 쉽게 좌절합니다. 그래서 한편으로 건강하게 살려면 불편하게 살아야 한다는 '불편의 영성'까지 생겨난 것입니다. 그렇다고 해서 무조건 불편하게 살면 되는가 하면 그것은 아니고, 편안함에 중독되지 않을 정도의 불편한 삶이 좋다는 의미입니다.

## 거지 근성
### '피해자 콤플렉스'

베드로 사도가 오랜만에 예수님을 찾아뵈니 웬일인지 얼굴이 우울해 보였습니다.

"왜 그러신지요?"

"아, 글쎄 요즈음 천당에 이상한 놈 하나가 들어와서 영 속을 불편하게 하네."

"어떤 놈인가요?"

"생전에 하도 주님 뜻대로 살겠다고 해서 믿음이 있는 놈인가 했더니만 완전 놈팡이야. 아무 일도 안 하면서 늘 주님 뜻대로 되라는 말만 하니 속이 터져."

"그런 거라면 저한테 맡기시지요."

베드로 사도가 장담한 한 달 후 주님께서 베드로 사도를 보더니 말씀하셨습니다.

"베드로야. 네가 어떻게 했기에 그놈 태도가 그렇게 확 바뀌었냐?"

"별거 없습니다. '두노동 무식사'. 일하면 밥 주고 안 하면 굶겼더니 열심히 일하더군요. 가끔은 복음적이지 않은 방법을 사용하는 게 효과가 좋습니다."

그 후 예수님께서는 입으로만 주님을 찾고 게으름 피우며 움직이지 않는 사람은 무조건 굶기신다고 합니다.

상담하러 오는 이들이 주로 자매님들이다 보니 집안일에 손가락 까딱 안 하는 한국 남편들 이야기를 참으로 많이 듣습니다. 바깥일을 하면 하는 대로(돈 버느라 힘들어서) 안 하면 안 하는 대로(정신적으로 힘들어서) 집안일은 부인에게만 미룬다는 것입니다. 실직이나 사업 실패로 집 안에 들어앉은 남편 대신 부인이 돈을 벌지만, 온종일 소파에 누워 텔레비전만 볼 뿐 설거지 한 번 하는 법이 없답니다. 그러고는 오히려 힘들다며 부인에게 징징댄다네요. 자기가 얼마나 불쌍한 사람인지, 세상이 얼마나 불공평하고 냉혹한지…….

"그렇게 놀면서 부인 힘들게 하지 말고 무슨 일이라도 해야 하지 않아?"라고 누군가가 한마디 하면 "너희들이 나에 대해 뭘 알아?" 하면서 오히려 화를 낸답니다. 그러니 사람들이 그의 곁을 떠나고 아이들도 아버지를 아버지로 보지 않습니다.

살다 보면 누구나 어려운 일을 겪을 때가 있고, 그럴 때면 누구나 좌절감에 빠지고 원망스러운 마음이 들게 마련입니다. 그렇지만 마음이 건강한 사람들은 얼마의 시간이 지나면 마음을 다잡고 새 삶을 살 생각을 하는데, 시간이 지나도 여전히 피해의식 속에 눌러앉아 있는 사람들이 있습니다. 이런 사람들을 일컬어 '피해자 콤플렉스'에 걸렸다고 합니다.

피해자 콤플렉스를 가진 사람들에게는 몇 가지 특징이 있습니다. 일이 잘못되었을 때 자기 문제는 인정하지 않고 늘 다른 사람에게 비난의 화살을 돌리고 원망을 쏟아냅니다. 부모 원망, 형제 원망, 배우자 원망, 세상 원망……. 지나친 자기연민에 빠져 세상에서 자기가 가장 불행한 사람이라고 규정한 다음 다른 사람들의 동정을 구하려고 합니다. 세상에 믿을 놈 하나 없다고 하면서 사람들과의 관계를 단절하려고도 합니다. 다른 사람들의 조언을 고깝게 여기고 "너희들이나 잘해라" "너희들이 나를 알아?" 하면서 화를 냅니다.

신세타령도 하루 이틀이지 허구한 날 원망의 소리를 하면 아무리 마음 넓은 사람이라도 지겨워 결국 떠나가고 말 것입니다. 그래서 피해자 콤플렉스를 가진 사람에게는 거의 친구가 없습니다. 만만한 자기 식구들을 괴롭히면서 시간을 때우지만 식구들이라고 지겹지 않나요? 이런 사람은 집에서도 왕따가 되기 십상입니다. 그러므로 점점 콤플렉스 증세가 심해져 갑니다. 자기 잘못은 안 보고 다른 사람 잘못만 눈에 들어오니 남의 잘못은 크게 보이고, 심지어는 선의를 가진 사람도 의심하여 악의적 동기를 찾아내는 소갈머리 없는 인생을 살게 됩니다. 그래서 괴팍한 사람으로 취급받고 기피 대상이 될 가능성이 큽니다.

이런 사람은 무기력증과 좌절감 그리고 짜증이라는 거미줄에 걸려 발버둥을 치다가 결국 사회 부적응자, 이른바 루저가 되는 것입니다.

이렇게 인생의 손실이 큰데도 이들은 왜 자기 문제를 고치려 하지 않는 것일까요?

피해자 콤플렉스를 가진 사람들은 막말로 거지 근성, 남의 것을 거저먹으려는 좋지 않은 근성을 갖고 있어서 그렇습니다. 거지들이 거지인 것은 그들이 좀처럼 거지 생활을 청산하지 않으려고 하기 때문입니다. 거지 생활을 청산하면 힘들게 일해서 밥을 벌어먹어야 하니까요. 이처럼 피해자 콤플렉스를 가진 사람들은 자신의 문제를 인정하고 고치려는 힘겨운 삶을 선택하기보다는 다른 사람들의 동정을 얻어 쉽게 살려는 근성에서 헤어 나오지 않습니다. 그들은 자기연민에 빠져서 불쌍한 이미지를 유지하고, 자기 문제를 다른 사람 탓으로 돌려서 자신의 책임을 부정하고자 하는 유혹에 빠진 것입니다.

또한 자신의 문제를 다른 사람 탓으로 돌리다 보면 무의식중에 자신이 사회적으로 부당한 대우를 받는 사람이라는 착각에 빠지고, 그런 자아도취에 빠져서 스스로 성장할 기회를 걷어차기도 합니다.

이렇게 사는 사람들이 해야 할 가장 시급한 일은, 자신의 문제는 자신으로부터 비롯되었다는 것을 인식하고, 남 원망할 시간에 무엇이라도 시도해보는 것입니다. 아주 작은 일이라도 시작하면 심리적 안도감과 책임의식이 생기고, 이런 변화를 주위에서 감지하면 도움을 주고픈 사람들이 모이게 마련입니다.

또 원망하는 마음, 섭섭한 마음이 올라올 때는 감사 목록을 만들어서 가진 것에 대해 감사하는 마음 훈련을 하고, 그 마음을 밑천으로 정신 건강 회복에 전력을 다해야 합니다. 만약 이런 노력조차 하지 않는 배우자라면 가정생활을 같이할 의사가 없는 성격장애인이니 관계를 지속할 것인지 숙고할 필요가 있습니다. 혹 그런 사람이 배우자라면 죽건 말건 관심 두지 말고(절대로 안 죽음) 자기 인생과 건강에만 신경 쓰며 살면 됩니다.

## 거절 불능증 혹은
## 미안 과잉증

우리 주위에는 자기 건 안 쓰고 남의 것을 뺏어 쓰려는 얌체족들이 꽤 많습니다.

"담배 하나 빌려줘" 하면서 자기 담배는 아끼는 사람, 돈 빌려 갈 때는 손이 발이 되도록 부탁하다가 빌려간 후에는 오리발 내미는 사람……. 이런 얌체족은 왜 생기는 걸까요?

얌체족이 존재하는 것은 지나치게 착하고 마음이 여린 사람들이 있기 때문입니다. 남의 부탁을 잘 거절하지 못하는 사람들, 거절하고는 힘들어하는 사람들, '들어줄걸, 괜히 거절했어' 하고 후회하는 사람들……. 얌체족들은 이런 사람들의 착하고 여린 마음을 악용해 미안한 마음, 심지어 죄책감을 부추겨서 자신의 이익을 취하는 악질들입니다.

"너하고 나하고 남이가?"

"그거 하나만 해주면 평생 은인으로 알게."

"곱게 쓰고 돌려줄게."

"내가 너무 급해서 그래. 너밖에 없어서 부탁하는 거야."

"날 못 믿어?"

이런 말들로 마음이 여린 이들의 콤플렉스를 건드려서 이익을 챙깁니다.

"네가 나한테 이러면 안 되지."

"배신자."

"너 때문에 내 인생 종쳤어."

행여 거절당하면 이런 말들로 죄책감을 들쑤셔 결국은 무엇인가를 얻어내는 상습범들이 바로 이 얌체족들입니다.

이렇게 얌체족들로 인해 속병을 앓는 이들이 적지 않은 것이 현실입니다. 그들도 문제지만 사실, 싫은 부탁, 거북한 부탁을 거절하지 못하는 것도 병입니다. 이러한 증상을 '거절 불능증' 혹은 '미안 과잉증'이라고 할 수 있는데, 이런 증세는 마음 깊은 곳에 박혀 있는 쓸데없는 죄의식에서 나온 것입니다.

다른 사람들과 함께 살기 위해서는 죄책감이 필요합니다. 죄책감은 여러 가지 면에서 인간이 성장하는 데 필요한 감정이기도 합니다. 죄책감이 없으면 내적 성장도 없고, 인생에서의 성장도 없게 되기도 합니다. 밭에 밀과 가라지가 같이 자라듯이 우리 마음에도 건강한 죄의식과 병적인 죄의식이 함께 자라고 있습니다.

하지만 건강한 삶을 살려면 이 두 가지를 구분할 필요가 있습니다. 병적인 죄의식은 아무런 잘못을 저지르지 않았는데도, 고의로 그런 것이 아닌데도 실제로 죄를 저지른 듯한 죄의식을 느끼게 합니다. 어떤 경우는 단지 생각만으로도 죄를 저지른 것과 같은 죄의식을 가지게 합니다. 이렇게 마음이 죄의식으로 젖어 있게 되면 늘 다른 사람으로부터 휘둘림을 당하는 삶을 살게 됩니다. 아이러니하게도 이런 죄의식은 착하게 살려고 노력하는 사람들, 마음을 어질게 먹고 선행을 베풀면서 살려고 하는 사람들, 인생을 좀 더 우아하게 품위 있게 살려고 노력하는 사람들에게서 많이 나타납니다. 지나치게 한쪽을 추구하다 보니 본의 아니게 심리적 균형을 잃어서 윤리적으로 바른 삶인데도 현실적으로는 상처받으며 살게 되는 것입니다.

이런 병적인 죄의식은 특정한 행동에 대해 지나친 꾸중이나 지적을 받은 부모의 양육 방식에서 비롯된다고 합니다. 부모의 잘못된 양육이 지나치게 예민하고 병적인 양심을 만들고, 지나친 죄의식을 만드는 것입니다.

병적인 죄의식을 가진 사람은 우선 자신의 처음 의도를 점검해 봐야 합니다. 그 일을 선한 의지로 한 것이라면 쓸데없는 양심의 가책일랑 집어던져야 합니다. 그리고 얌체족들이 부탁할 때는 단호하게 싫다고 말하는 훈련을 할 필요가 있습니다. 정히 마음이 불편해 싫다는 말을 하기 힘들면 "생각해볼게" 하고 결정을 미루는 훈련을 하는 것도 좋습니다. 얌체족들은 대개 끈기가 부족해서, 자신이 마음을 흔드는데도 상대방이 별 반응이 없으면 욕을 해대면서 사기 칠 다른 대상을 찾으러 가기 때문입니다.

너무 착하게 살려고 애쓰지 말고, 나한테 고약하게 구는 사람에게는 나도 똑같이 그에게 고약함을 돌려줄 줄도 알아야 합니다. 그런 의미에서 성질 고약한 신부 이야기를 해드리겠습니다.

어떤 본당에 성질이 아주 고약한 신부가 부임해왔습니다. 얼마나 성질이 고약한지 이 신부 앞에서는 신자들이 고양이 앞의 쥐처럼 달달 떨 정도였습니다. 그래서 신부가 떠나기만 학수고대하던 차에 신부가 떠나니 잔치를 벌이고 실컷 먹고 마시는 통에 탈이 난 신자가 한둘이 아니었습니다.

그런데 신부가 새로 간 본당에는 이 신부 못지않게 성질 고약한 신자가 있었습니다. 오는 신부마다 시비를 걸고 트집을 잡아서 일 년 이상 버티지 못하고 떠나게 하였고, 그러고는 자랑스럽게 "내가 쫓아낸 신부가 몇 명인 줄 알아?" 하고 떠들며 다니는 그런 사람이었습니다. 그런 두 사람이 만났으니 신자들은 누가 이길까 내기를 하면서 흥미진진하게 지켜보았습니다.

성질 고약한 신자가 신부를 어떻게 골탕 먹일까 궁리하다가 '옳지, 성목요일에 골탕을 먹여야지' 하고는 세족례 명단에 올라 있는 다른 사람 이름을 지우고 자기 이름을 대신 올렸습니다. 이를 알고 있는 신자들은 모두 신부가 노발대발할 줄 알았는데 그러지 않는 것을 보고 종이호랑이라고 놀렸습니다.

드디어 세족례 날, 신부가 고약한 신자의 벗은 발을 보니 무좀에 걸린 데다 씻지를 않아서 엉망이었습니다. 신자들은 모두 숨을 죽이고 신부가 어떻게 하는지 지켜보았고, 심지어 그 장면을 보기 위해 이전 본당에서 온 신자들도 우글우글했습니다. 하지만 고약한 신부는 잠깐 얼굴을 찌푸렸을 뿐 아주 얌전하게 신자의 발을 박박 닦아주었습니다.

순간, 고약한 신자가 이길 거라고 내기를 했던 수많은 신자는 속으로 환호성을 질렀습니다. 문제는 그다음에 벌어졌습니다. 신부는 손을 씻지도 않고 그대로 미사를 진행하더니 고약한 신자에게 제일 먼저 성체를 주었습니다. 그러자 그 심질 고약한 신자는 "저는 오늘 성체를 영하기 어렵습니다" 하고 망설였습니다.

그러자 신부는 "아니, 성체를 영하지도 못하는 대죄를 지은 사람이 세족례는 왜 나왔단 말이오?" 하고 버럭 호통을 치셨습니다. 신자는 할 수 없이 땟물이 줄줄 흐르는 신부의 손에서 성체를 영해 혓바닥무좀에 걸렸다는 슬픈 이야기입니다.

# 손해 유발 덩어리
## '빨리빨리병'

주님께서 오랜만에 천당 식당을 방문하셨습니다. 그런데 밥을 먹고 있는 사람들을 가만히 보니 자기 민족끼리만 앉아 있는 것이었습니다. 이건 아니다 싶은 생각에 잠시 불쾌한 기분이 드셨는데, 한국 사람들은 예외였습니다. 그들은 각자 따로따로 앉아 밥을 먹는 것이었습니다.

"야, 한국 아이들은 글로벌하구나. 아무렴, 저렇게 해야지."

감탄하시는 주님께 베드로 사도가 아뢰었습니다.

"그게 아니고요. 저것들은 밥 먹다가도 정치 얘기가 나오면 핏대를 세우고 밥상을 뒤집어엎어서 할 수 없이 강제로 떼어놓은 겁니다. 성질도 얼마나 더러운지 모릅니다."

주님께서는 믿을 수 없다는 표정이셨습니다.

"그럴 리가 있겠냐. 한국이 동방예의지국이라던데. 한국 사람들하고 밥 한번 먹어봐야겠다."

그래서 한국 사람들과 같이 식사를 하는데 분위기가 참으로 화기애애했습니다.

"그럼 그렇지. 그런데 너희 나라 문제가 무엇이더냐?"

주님께서 이렇게 물으시자마자 한국 사람들은 돌변해서 서로를 미친 듯이 물어뜯기 시작했습니다. 이 모습에 하나님은 너무나 당황하고 화가 나셨습니다.

"야 이놈들아, 밥 먹을 때는 개도 안 싸운다!"

그 후로 주님께서는 한국 사람들과는 상종도 안 하신다는 이야기입니다.


성질 급한 사람들이 참 많습니다. 기다리는 것을 못 참고, 밥도 급하게 먹고, 모든 일이 빨리빨리 처리되지 않으면 신경질을 냅니다. 매사 조급하게 일을 처리하는 것이 습관이 된 것인데, 이런 조급증은 인생에서 손해 보는 일이 많으므로 고치는 것이 좋습니다.

조급증의 근본 감정은 불안감입니다. 거대한 대륙의 끄트머리에 붙어서 사는 바람에 이놈 저놈이 쳐들어와 유린당하다 보니 조상들의 마음 가장 깊은 곳에 불안감이 기저로 자리를 잡아 조급증이라는 증세가 굳어진 것입니다.

"밤새 안녕하십니까" "그동안 무고하셨습니까" 등 신변의 안위를 묻는 인사말이 생긴 것도 이러한 이유겠지요. 더욱이 좁은 땅에 살면서 한 다리만 건너면 아는 사람인 공동체 안에서 지내다 보니, 다른 사람보다 처지면 집안 망신이라는 생각에 바둥거리며 살게 됩니다. 이렇게 살다 보니 조급증이 생길 수밖에 없었을 것입니다.

이런 조급증이 만든 말이 '빨리빨리'입니다. '빨리빨리'는 한국 사람들이 가장 많이 사용하는 말일 것입니다. 어린 시절에는 부모로부터 "빨리 숙제해" "빨리 공부해" "빨리 밥 먹어" "빨리 일어나" "빨리 학교 가" 등의 말을 지겹도록 들었는데, 나이를 먹어서도 "빨리 취직해" "빨리 결혼해" "빨리 애 낳아" "빨리 돈 벌어"라는 말로 속을 뒤집어놓습니다.

빨리 죽으라는 말만 안 하지 거의 모든 일상생활에서 '빨리'라는 독촉성 발언은 상습적으로 사용됩니다. 그래서 한국에서 돈을 벌려면 속성학원, 퀵서비스, 초고속 짜장면 배달 같은 일을 해야 한다는 우스갯소리도 있지요.

문제는 이렇게 오랫동안 '빨리빨리' 소리를 듣다 보니 이제는 하나의 거대한 콤플렉스가 형성되어 고치려고 해도 잘 안 되는 지경에 이르렀습니다. 조급증이 국민적인 병이 된 것입니다.

조급증이 우리에게 별 도움이 안 된다는 것은 이미 여러 면에서 입증되었습니다. 우선 건강을 해칩니다. 밥을 먹어도 폭식, 술을 마셔도 원샷, 그것도 몇 분 안에 위장으로 쏟아부으니 음식 맛을 모르는 것은 물론이고 위장병, 비만, 고혈압, 당뇨병의 원인이 됩니다.

두 번째, 정신적인 문제입니다. 조급증에 걸린 사람들은 아주 신경질적입니다. 조급증이란 불안감과 경계심이 동반되는 증상이라서 다른 사람들의 말이나 행동에 민감하게 반응하게 됩니다. 작은 자극에도 공격적인 태도를 보이게 되고요. 특히 술을 먹으면 이런 증세가 더 심해져 술자리에서 싸움질하는 사람은 모두 조급증이라고 봐도 무방합니다.

세 번째, 조급증은 일을 대충대충 하게 해서 안전사고를 일으키거나 '또 볼 사람도 아닌데' 하는 마음으로 손님에게 바가지를 씌우는 짓을 하게 만들기도 합니다. 결국, 신용을 잃고 인생에서 성공은커녕 자기 함정에 빠지는 어리석음을 범하게 합니다.

이런 이유만 봐도 조급증은 고쳐야 할 병이지만, 이런 증상이 너무 오랫동안 우리 마음속에 자리를 잡아서 고치기가 수월치 않습니다. 한편으로 조급하게 살던 사람이 갑자기 느릿느릿 살면 생체리듬이 깨져 부작용이 일어날 수도 있습니다. 따라서 삶의 패턴을 억지로 바꾸는 대신, 기분 나쁜 일은 생각하지 말고 기분 좋은 일만 생각하거나 머리맡에 유머집을 두고 읽으면서 낄낄대고 웃는 습관을 키워야 합니다. 또 하루에 삼십 분 동안은 아무 말도 생각도 없이 그저 십자가의 주님을 바라본다면 훨씬 좋아질 것입니다.

## 감정의 배설물 '욕'

베드로 사도가 세상 시찰을 마치고 천당으로 돌아오는데 천당 문 앞에 웬 한국인들이 세간을 쌓아놓고는 노숙자처럼 길바닥에 누워 있었습니다. 자세히 보니 베드로 사도가 이전에 천당 입주권을 발행해준 사람들인지라 어쩐 일인지 물었습니다.

"주님께서 '너희가 어린아이처럼 되지 않고서는 하느님 나라에 못 들어온다' 하셔서 그저 마음 가는 대로, 감정 올라오는 대로 살았을 뿐인데 주님께서 갑자기 천당 밖으로 내쫓으셨습니다."

놀란 베드로가 주님을 알현하고 사연을 여쭈어보니 이렇게 말씀하셨습니다.

"내가 쟤네 차를 타고 어디를 가는데, 앞차가 천천히 가면 '집에서 밥이나 하지 왜 기어 나와서 차를 막는 거야, 바보야' 하며 욕을 해대고 다른 차가 좀 빨리 달리면 '저 미친놈이 죽으려고 저리 달린다'면서 또 욕을 해대는데 그 입이 꼭 걸레를 문 것 같아 내쫓았다. 입에서 고운 소리 나올 때까지는 천당 근처에도 오지 말라고 했느니라."

그 이후로 베드로 사도는 한국인만 보면 구강 검사부터 한다고 합니다.

살다 보면 욕을 먹게 되는 일이 적지 않습니다. 사회생활을 처음 하는 젊은이는 일이 서툴다고 선배들에게 혼나고, 사회 경험이 많은 사람은 능구렁이라고 비난받습니다. 남들에게 욕먹는 것만큼 기분 나쁜 일도 없지요. 잘못하지도 않았는데 욕을 먹을 때는 더 억울하고 화가 납니다. 그래서 손가락질받기 싫어 은둔 생활을 하는 사람이 생겨날 정도입니다.

본당 사목을 하면서 경험한 바이지만, 크건 작건 공동체의 리더는 비난받게 마련입니다. 리더의 결정에 모든 사람이 100% 승복하는 경우는 없기 때문입니다. 반대하고 거부하는 사람들은 어디에나 있게 마련이지요. 이러나저러나 좋은 소리 못 들으니 차라리 아무것도 안 하는 게 속 편할 것 같지만, 그러면 또 하는 일도 없다고 한소리 듣습니다.

그런데 존경받는 사람들은 거의 다 주위 사람들로부터 비난받았던 사람들입니다. 주님도 다르지 않으셨습니다. 당대의 바리사이, 율법학자들은 드러내놓고 예수님께 적대감을 보였지요.

욕먹지 않고 살기란 불가능합니다. 어떤 비난도 받지 않으려 한다는 것은 결국 일을 제대로 하지 않으려 하거나 일을 회피하려 하는 것입니다. 그러니 비난을 감수하고 소신껏 사는 것이 현명한 선택입니다.

물론 기분은 좋지 않습니다. 우선 한국 정서상 받아들이기가 쉽지 않습니다. 우리는 어린 시절부터 "욕먹을 짓 하지 마라" "남들이 욕한다" "부모를 욕되게 하지 마라" 등의 말을 들으며 자라 왔습니다. 그래서 욕을 먹는다는 것을 그저 잘못된 언행에 대한 비난이 아니라 자신의 존재 자체에 대한 부정과 무시로 받아들이는 경향이 있습니다.

또, 욕은 감정의 배설물이기 때문에 기분이 나쁜 것입니다. 욕이란 나에게 불만을 가진 상대방 안에서 생기는 감정의 똥 덩어리이니 당연히 기분이 나쁠 수밖에 없습니다.

그러나 좋은 면도 있습니다. 욕먹으면 오래 산다고 하지요. 왜 그럴까요? 욕먹는 사람은 자기감정에

솔직한 사람이기 때문입니다. 즉, 내숭을 떨거나 숨기거나 하지 않고 부정적인 내면을 억압하지 않기 때문에 남들 눈에는 덜 고상해 보이고 흉을 잡히거나 욕을 먹을지는 몰라도 마음은 편합니다.

반면 욕먹지 않으려 애쓰는 사람들은 자기 안의 것을 내놓지 못하기 때문에 늘 다른 사람들 눈치를 보며 살아야 합니다. 그래서 '된 사람'이라는 칭찬은 들을지 몰라도 대성한 사람이 되기는 어렵습니다. 스트레스를 풀지 못해 몸과 마음이 병들 가능성도 크고요. 그래서 어느 일본 작가는 좋은 사람이 되려고 안달하기를 포기하면 마음이 건강해진다고 말했지요.

열심히 살려면 욕먹는 일을 감수해야 하지만, 욕먹는다는 것은 내 마음이 건강하다는 증거라는 것을 잊지 않는다면 마음이 훨씬 편해질 것입니다.

# 게으른 생각이 만든 '고정관념'

"B형은 성격이 안 좋아."

"A형은 소심해."

혈액형과 성격에 대해 이런 식으로 말하는 것을 들어보았을 겁니다. "남자는 다 늑대야" 혹은 "남자는 다 애야"와 같은 말들도 흔히 듣습니다. 이런 것들을 고정관념이라고 합니다. 사람이나 세상을 볼 때, 다양한 방식으로 보는 것이 아니라 고정적이고 동일한 패턴으로 보는 것이지요.

고정관념에는 여러 가지가 있습니다. 여자는 수학을 못 한다거나, 나이 들면 지능이 떨어진다는 등 성별이나 나이에 따른 고정관념도 있고, 경상도 사람들은 이렇고, 전라도 사람들은 저렇다, 미국 사람들은 이런데, 일본 사람들은 저렇다 하는 식의 지역적인 고정관념도 있습니다. 귀 생긴 걸 보면 부귀영화를 누릴지 가난하게 살지 알 수 있다든지, 마른 사람은 성격이 까칠하다든지 등등 신체 특징에 대한 고정관념도 있습니다. 이렇게 사회적 통념처럼 된 생각들을 '보편적 고정관념'이라고 합니다.

이에 비해 개인적인 경험 때문에 형성된 고정관념을 '특수 고정관념'이라고 합니다. 돈은 나쁜 것이다, 사람을 믿어서는 안 된다, 남자는 다 늑대다, 얼굴이 예쁘면 성격이 좋지 않다 등과 같은 생각들인데, 본인이 겪었던 일로 인해 만들어진 개인적인 고정관념을 말하지요.

그런데 우리는 왜 이런 고정관념에 쉽게 빠지는 것일까요? 몇 가지 이유가 있습니다. 첫 번째는 게으름 때문이라고 합니다. 심리학자 피스크와 테일러는 사람을 인지적 구두쇠, 즉 '생각하기 싫어하는 존재'라고 했습니다. 예를 들어 누군가가 마음에 들지 않을 때 좀 더 이해하려고 노력하는 시간을 가져야 하는데, 생각하기 귀찮아서 고정관념으로 상대방을 판단해버린다는 것입니다.

두 번째, 빠른 결정을 내려야 할 때 우리는 고정관념을 사용합니다. 옷을 사러 백화점에 갔는데 옷을 고를 충분한 시간이 없다면 잘 알려진 브랜드를 선택하게 됩니다.

세 번째, 열등감이 강한 데다 머리가 그리 좋지 않은 사람이 자신을 드러내고 싶을 때 가장 많이 사용하는 것이 고정관념입니다. 사물을 깊이 생각할 만큼 머리는 좋지 않은데 다른 사람들에게 유식하게 보이고 싶은 욕구가 강할 때, '팸플릿 놀리지(pamphlet knowledge, 전단지 몇 장 보고 익힌 지식)'를 마치 전문 서적을 읽고 공부해서 얻은 지식인 양 작은 사기를 치는 것이지요. 그래서 대개 이런 사람은 전문 지식을 가진 이들을 피합니다. 대신 좀 어리바리하고 자기보다 지적 수준이 낮은 사람들을 부하처럼 몰고 다니면서 대장 노릇을 하곤 합니다.

네 번째, 인생의 패턴 때문입니다. 삶에 아무런 변화가 없을 때 고정관념이 생기기 쉽고 또 고정관념을 많이 사용하게 됩니다. 이는 고인 물이 썩어서 마시지 못할 물이 되는 것과 같습니다. 이렇게 고정관념이 심한 사람은 대개 공감 능력이 떨어지고, 일을 처리하는 능력도 수준 이하여서 인생에서 성공하거나 대인 관계를 다양하게 갖는 데 실패합니다.

아무리 유식해 보여도 고정관념이 지나친 사람이라면 거리를 두는 게 좋습니다. 한 집단에는 종종 정신적인 터줏대감을 자처하면서 고정관념을 사용해 다른 사람들을 함부로 판단하고 조종하려는 사람이 있습니다. 건강한 판단의식을 흐트러뜨리는 공동체의 암적인 존재라고 할 수 있지요. 가까이해서 득 될 게 하나도 없습니다. 대신 마음을 활짝 열고서 다양한 문화를 접하고, 다양한 사람들을 만나고, 인생의 다양함을 맛보면 됩니다. 그러면 마음이 흐르는 물처럼 늘 신선하고 열린 사고방식으로 살 수 있을 것입니다.

## 여러분!
## 행복하시나요?

어떤 부인이 쉽게 좌절하는 남편을 데리고 상담실을 찾아가서 '우리 남편을 좀 어떻게 해달라'고 요청하자, 상담가는 남편을 가만히 바라보기만 하다 부인에게 말했습니다.

"남편께서는 아무런 문제가 없습니다. 한 시간만 밖에 나가 계시겠어요?"

부인은 의아해하며 남편만 두고 상담실 밖으로 나갔습니다. 그런데 한 시간도 채 되지 않아 남편이 문을 박차고 뛰쳐나왔습니다.

"가자, 가. 저런 놈이 무슨 상담가야."

놀란 부인이 무슨 일인지 물었습니다.

"아니, 상담가라는 놈이 내 얘기를 들어줘야지, 다짜고짜 징징대면서 자기 신세타령이나 하니 내가 죽을 뻔했어. 아, 지겨운 놈 같으니라고."

남편이 넌더리를 내자 부인이 정색하며 말했습니다.

"너도 똑같아, 지겨운 인간아."

그 후 남편이 좌절할 때면 부인은 이렇게 말했습니다.

"이혼할래? 아니면 지난번 상담가한테 가서 상담받을래?"

결국 남편은 고약한 습관을 뜯어고쳤다고 합니다.

언제인가 지방으로 강의를 갔다가 이런 질문을 했습니다.

"여기 계신 분 가운데 지금 배우자에 만족하고 사시는 분 손 들어보세요?"

몇몇 자매가 손을 들었습니다. 저는 다시 물었습니다.

"이번에는 지금 배우자를 다른 사람으로 바꾸고 싶은 분 손 들어보세요?"

까르르 웃음소리와 함께 많은 자매가 손을 들었습니다.

"그럼 지금 배우자를 다른 사람으로 바꿀 능력이 있으신 분?"

아무도 손을 들지 않아 또 물었습니다.

"그럼 어떻게 해야 하나요?"

"그냥 살아야지요."

모두 한바탕 웃었습니다.

바꿀 수 있는 것은 바꾸려 노력해야 합니다. 그러나 내 역량으로 안 되는 것은 고은 눈으로 바라보고 받아들이려 노력해야 마음이 불행해지지 않습니다.

배우자에게 짜증이 나고, 자녀들에게 화가 나고, 생활은 나아지지 않고, 즐거운 일도 없고, 하루하루 시간간 죽이는 식의 지루한 삶이 이어질 때, '행복은 어디 있는가?' 한탄하게 됩니다. 당연한 일입니다.

더 나은 삶을 꿈꾸는 것이 당연한 이유는 사람의 욕구에는 만족이란 것이 없기 때문이고, 또 그냥 만족하고 안주해버리면 발전이 없는 것이 사람의 삶입니다. 다만 내가 갈구하는 행복이란 과연 무엇인지 좀 더 들여다볼 필요가 있습니다.

행복이란 무엇일까요?

우선 돈에 쪼들리거나 여유가 없을 때면 누구나 돈이 좀 많아지면 행복해질 거로 생각합니다. 행복감은 소비욕 충족을 통해서도 생기고, 경제적으로 힘들면 삶의 질이 급격히 떨어지기 때문에 돈을 버는 데 노력을 기울이는 것은 아주 건강한 행위입니다. 그러나 행복에는 돈이 전부라는 생각은 위험합니다. 물질적인 충족감은 지속 시간이 길지 않고, 뒤끝이 고약하기 때문입니다.

왜 그럴까요? 더 좋은 것이 보이면 지금까지 나를 행복하게 해주었던 것들이 나를 불행하게 만드는 원인이 되기 때문입니다. 만약 어렵게 돈을 모아 차를 한 대 사서 행복했는데 옆집은 훨씬 좋은 차를 샀다면, 갑자기 내 작은 차가 내 인생을 대변하는 듯해 불행해집니다. 다시 행복해지기까지는 긴 불행감에 시달려야 합니다. 악순환의 연속이지요.

그렇다면 어떻게 해야 할까요?

혹자는 "욕심을 부리지 말아야 한다" "마음을 비워야 한다" "다 내려놓아야 한다" 같은 충고를 합니다. 무책임하고 추상적인 말일 뿐입니다. 중요한 것은 내 마음을 행복하게 만들어주는 대상을 돈에 고정시키지 말고 범위를 넓혀가는 일입니다.

심리학자들은 '행복한 사람이란 어떤 사람인가?'라는 질문으로 대규모 설문조사를 했습니다. 그 결과 가장 많은 대답은 '내가 하는 일이 다른 사람들에게 도움을 주는 삶을 사는 사람'이었고 두 번째는 '나를 사랑해주고 지지해주는 친구가 많은 사람'이었습니다.

지인 가운데 상당한 재력가가 있습니다. 그런데 친구가 없습니다. 베풀 줄 모르고, 마음에 상처를 주어서 사람들이 다 떠나버리고 만 것입니다. 그러니 그 큰 집에서 혼자 놀아야 하는 외로운 인생, 불행한 인생을 살 수밖에 없습니다. 너무나 가난한 어린 시절을 보냈기에 돈에 한이 맺혔던 그는 수단과 방법을 가리지 않고 돈을 벌어 부자가 되었지만, 그것 말고는 인생을 사는 법을 익히지 못해 외로운 노년을 보내고 있습니다.

반면 형편이 넉넉지 않은데도 집에 사람이 끊이지 않는 가정도 적지 않습니다. 점심으로는 국수 한 그릇이 전부지만 집주인 마음이 넉넉하고 사람들 말을 잘 들어주는지라 늘 친구와 이웃이 찾아옵니다. 이렇게 대조적인 사람들을 보면서 진정한 행복이란 무엇인가 새삼 생각해보게 됩니다. 여러분은 행복하시길 바랍니다.

신부님의 속풀이 처방전 3
챙기고 사세요

| | | | |
|---|---|---|---|
| 교회 인가 | 2017년 4월 4일 | 펴낸곳 | 가디언 |
| 초판 1쇄 발행 | 2017년 4월 13일 | 출판등록 | 제2010-000113호 |
| 초판 2쇄 발행 | 2017년 4월 27일 | | (2010.4.15) |
| | | 주　소 | 서울시 마포구 토정로 222 |
| 지은이 | 홍성남 신부 | | 한국출판콘텐츠센터 319호 |
| 펴낸이 | 신민식 | 전　화 | 02-332-4103 |
| | | 팩　스 | 02-332-4111 |
| 편　집 | 경정은 정혜지 | 이메일 | gadian7@naver.com |
| 디자인 | 임경선 | 홈페이지 | www.sirubooks.com |
| 마케팅 | 이수정 최초아 | | |
| 경영지원 | 백형준 박현하 | 인쇄·제본 | (주)현문자현 |
| | | 종이 | 월드페이퍼(주) |

ISBN　　979-11-85329-11-6　　03230

* 책값은 뒤표지에 적혀 있습니다.
* 잘못된 책은 구입처에서 바꿔 드립니다.
* 이 책의 전부 또는 일부 내용을 재사용하려면 사전에 아니무스의 동의를 받아야 합니다.
* 아니무스는 가디언의 출판 브랜드입니다.

이 도서의 국립중앙도서관 출판예정도서목록(CIP)은 서지정보유통지원시스템 홈페이지
(http://seoji.nl.go.kr)와 국가자료공동목록시스템(http://www.nl.go.kr/kolisnet)에서
이용하실 수 있습니다. (CIP제어번호 : CIP2017007220)